心流学习法

在深度自然游戏中，唤醒身心潜能

［美］约瑟夫·克奈尔（Joseph Bharat Cornell）/著　陆萌/译

FLOW LEARNING®
Opening Heart
and Spirit Through Nature

上海社会科学院出版社
SHANGHAI ACADEMY OF SOCIAL SCIENCES PRESS

图书在版编目（CIP）数据

心流学习法：在深度自然游戏中，唤醒身心潜能 /（美）约瑟夫·克奈尔著；陆萌译 . — 上海：上海社会科学院出版社，2023

书名原文：FLOW LEARNING: Opening Heart and Spirit Through Nature

ISBN 978-7-5520-4028-9

Ⅰ.①心… Ⅱ.①约… ②陆… Ⅲ.①学习方法 Ⅳ.① G791

中国版本图书馆 CIP 数据核字（2022）第 247536 号

FLOW LEARNING: Opening Heart and Spirit Through Nature
Copyright © 2021 by Joseph Bharat Cornell
This translation published by arrangement with Columbine Communications & Publications, Walnut Creek, California USA, www.columbinecommunications.com.
Simplified Chinese translation copyright © 2022 Beijing Green Beans Book Co., Ltd.
All rights reserved

本版本由哥伦拜通讯 & 出版公司安排出版，地址：美国加利福尼亚州沃尔纳特克里克市，网址：www.columbinecommunications.com。

本书中文简体字版归属青豆书坊（北京）文化发展有限公司。

上海市版权局著作权合同登记号：图字 09-2023-0002 号

心流学习法：在深度自然游戏中，唤醒身心潜能

著　　者：[美]约瑟夫·克奈尔（Joseph Bharat Cornell）
译　　者：陆　萌
责任编辑：赵秋蕙
策划编辑：刘红霞
特约编辑：王　宁
封面设计：主语设计
出版发行：上海社会科学院出版社
　　　　　上海市顺昌路 622 号　　　邮编 200025
　　　　　电话总机 021-63315947　　销售热线 021-53063775
　　　　　http://www.sassp.cn　　E-mail: sassp@sassp.cn
印　　刷：北京中科印刷有限公司
开　　本：889 毫米 × 1194 毫米　1/32
印　　张：6.75
字　　数：140 千
版　　次：2023 年 3 月第 1 版　2025 年 5 月第 4 次印刷

ISBN 978-7-5520-4028-9/G · 1234　　　　定价：58.80 元

版权所有　翻印必究

国际赞誉

与生机勃勃的世界深度联结是一种什么体验？克奈尔向我们展示了如何培养一种冷静、接纳性地身在自然中的态度，这种态度不仅可以激发我们用所有感官拥抱自然世界的喜悦，还可以培育我们对灵性启迪和内心幸福的渴望。克奈尔把个人轶事、对自然探索的随想以及由科学和圣贤而来的启示编织在一起，创作了这部内容丰富、引人入胜的体验式学习的佳作。

——吉恩·麦格雷戈（Jean MacGregor）
常青州立学院退休环境教育工作者

我发现《心流学习法》既是启蒙又是一种实用的方法，为学习带来好奇心、创造力和自觉的意识。无论是用于增强体验式学习，还是作为充分体验人生的指南，这本书都提供了真知灼见。

——多米尼克·德尔恰罗（Dominique Del Chiaro）
医学博士，斯坦福大学健康生活项目经理

这是给教育及其他领域的一份绝佳礼物！克奈尔认为"心流"是一种正在展开的意识，他为学生提供了一个简单实用、体验式的框架，让所有人都可以在深层次上参与学习。多年来，我一直将心流学习法纳入我的讲座和课堂，成绩斐然。

——姗迪·王（Sandy Wong）
教育学硕士，特许学校创始人

行文流畅，富有灵感，实用。《心流学习法》是如何在身心之间、人与地球之间搭建桥梁的指南。克奈尔让我们培养对大自然更深入的理解，培养与大自然更密切的联系，以解决我们这个时代的紧迫问题。《心流学习法》清楚地表明：要成为真正有教养的人，我们必须在生命中有全心全意地拥抱大自然的意识。

——萨蒂什·库马尔（Satish Kumar）
英国舒马赫学院创始人

《心流学习法》就像一个入口：把我们带到大自然的核心。这本书简洁流畅，有如大地母亲自己的作品。

——桑塔亚·丘蒂萨查（Sonthaya Chutisacha）
泰国知识源泉研究所联合主任

《心流学习法》可以完美地用于其他学科领域和学习环境中……约瑟夫专注于当下：关注自然、学生和我们自己，大家一起通过游戏、幽默和情感交流，为自身注入欢乐和正能量，以提高感悟，深化学习，对意识产生持久的影响。

——珍妮特·凯瑞尔·安迪（Janet Carrier Ady）博士
北美环境教育协会咨询委员会

有时候一个好理念就足够在思想和行动领域引发一场彻底的革命，心流学习法就是这样一个闪光的理念。如果我们想引导他人进入大自然，无论性别和年龄，无论是举棋不定的新手还是专家，无论是犹豫不决的家长还是经验丰富的教师，这本书为所有人提供了一个睁开双眼、打开心灵和思想的有力框架。

——艾伦·戴尔（Alan Dyer）博士
普利茅斯大学可持续未来中心创始人

如果全世界的每一位教师都有一本《心流学习法》，那么我们将会有移山倒海的力量。

——尼娜·霍伊尼克（Nina Hojnik）
斯洛文尼亚绿色小径协会联合创始人

克奈尔的心流学习法可以引领我们从提升感悟到敬畏自然，完成对个人的超越。

——约瑟夫·塞尔比（Joseph Selbie）
《上帝的物理学》作者

每隔一段时间，就会有一本珍贵的书落在我们手中，可能会改变我们的人生。《心流学习法》正是这样一本书。我对每个角落、每个领域的老师和学生说：读这本书，学习体验自然的新方法，学习体验生命本质的新方法。如果能够吸收心流学习法的基本原则，无论我们在世界上做什么都会做得更好，更充满喜悦。克奈尔通过科学、自然体验、引人入胜的故事和至理名言，帮助我们改变自己的意识和对所有生命的体验。

——山蒂·鲁本斯通（Shanti Rubenstone）
医学博士，加州阿南达帕罗奥图精修院和教学中心联合主任

这是一本希望为教学注入新活力的教师必备之书。"心流学习法"完美地结合了系统性和灵活性，适合应用在所有年龄段有创意的课堂上。我在中小学课堂和大学研究生课程设计中都使用过心流学习的方法。

——卡罗尔·马尔诺（Carol Malnor）
教育家，童书作者和出版商

国际赞誉

这本书充分呈现了克奈尔一生致力于自然教育工作和体验的精髓，我们也可以称之为深入灵性和自然核心的实用手册。这是我们这个时代所有自然爱好者、教师和灵修学生的必备书籍。

——丹尼斯·瓦尔卡塞尔（Danelys Valcarcel）
华德福教育家和讲师

地球上有无数条河在奔流，从周围吸收无尽的养料并最终汇入大海。受这一普遍自然法则的启发，克奈尔将学习比作大河奔流。这是一种全新的"学习"视角，可以在学习中释放出欢乐和热情，创造出巨大的能量流，从而彻底改变学习者。

——日置光久（Mitsuhisa Hioki）
日本共享自然协会董事会主席，东京大学教育研究生院教授

天哪，这是一本宝书。老实说，《心流学习法》是我读过的最激发灵感的书。这本书列举的教学四步骤提供了一部"快乐手册"，指导我们去重新发现与自然世界、我们彼此之间以及与我们自己的最深层联系。

——帕维尔·诺维（Pavel Novy）
冰山电影公司电影摄影师

每当我使用《心流学习法》，无论学员的年龄、情绪或文化背景，大家都会变得很放松、生机勃勃，并能专注于周围的自然环境……这是一种实用易学、对任何学科都有启发的教学模式。

——乌尔萨·维哈尔（Urša Vilhar）博士
斯洛文尼亚林业研究所高级研究员，《在森林中学习和游戏手册》合著者

这是一本充满灵性的书，饱含与大自然合一的精华！克奈尔向我们展示了，如何通过游戏达到一种高度感悟和超越的状态，扩展我们的意识，到达高层次的学习境界。

——马茹卡·卜莎拉（Mahrukh Bulsara）
印度自然意识和旅行机构联合创始人

约瑟夫·克奈尔是森林疗法的真正创始人之一。在几十年前，约瑟夫就认识到并学会利用森林和自然环境对人类健康的积极影响。

——李卿（Qing Li）博士、申元燮（Won Sop Shin）博士、安德烈亚斯·米查尔森（Andreas Michalsen）和迪特尔·科特（Dieter Kotte）
《国际森林疗法手册》编辑

约瑟夫·克奈尔是当今全球最受尊敬的美国自然教育家之一。他的教学以一种独特的魅力将智慧、心灵和灵性结合在一起，让人们回归自己的本性。不仅唤起人们对环境的热爱和尊重，还让学员们体验到用纯净的心灵学习的乐趣。

——台湾阳明山国家公园

约瑟夫·克奈尔被认为是体验式自然教育的先驱。

——英国森林学校协会

没有人比约瑟夫·克奈尔更善于帮助不同年龄的人直接体验大自然，建立与自然的关系，从中深刻体验到安宁、喜悦和感动。

——谢丽尔·查尔斯（Cheryl Charles）博士
"儿童和自然网络"机构联合创始人、国际自然保护联盟（IUCN）联合主席约瑟夫·克奈尔是我们大家心目中的英雄。在当今这个时代，我们比以往任何时候都更需要《深度自然游戏》和约瑟夫·克奈尔这样的礼物。

——理查德·洛夫 (Richard Louv)
《林间最后的小孩》作者

约瑟夫·克奈尔的经典著作《共享自然》可以与最重要的自然环境类书籍比肩而立。

——比尔·麦基本（Bill McKibben）
350.org 网站的创始人，《佛蒙特州自由电台》作者

作为全球自然意识教育界的领军人物之一，约瑟夫·克奈尔为自然世界及其探索领域带来了崭新的面貌。

——汤姆·穆伦（Tom Mullen）
缅因州统一学院公园和森林资源系副教授

克奈尔将知识之路与心灵之路融为一体。

——阿拉斯加州健康组织

中方赞誉

积累更多力量和韧性

二十多年前,自然之友将约瑟夫·克奈尔的《与孩子共享自然》一书引入国内时,重要的动力就是希望更多孩子回到自然中去,重新亲近大地。如今,我们看到越来越多的家庭开始与自然为友,体验并身体力行地守护生态环境,并对自然中的身心成长和关系重建有了更多需求和期待。因此,《心流学习法》来到中国正当其时。相信通过这本书,更多人不仅能享受自然之美,更有机会在自然当中唤起热情,培养专注,深入体验,共享感悟,为自己、家庭和社会积累更多的力量和韧性。

——张伯驹
中国环保组织自然之友理事

沉浸在当下的心流体验

孩子们沉浸、专注于探索学习的神情,时常令我满心感动。处在心流之中的孩子,脸上的神情平静、愉悦又和谐的,真实地、全身心地活在当下。每当这时,我的脑海里总会想起约翰·缪尔那句话,"自然祥和流入心中,一如阳光洒进森林"。

然而,这些年,孩子们接触电子产品的时间越来越长,碎片化信息充斥着孩子的世界。我经常担心,这一代孩子是否还会有沉浸在当下的心流体验。如今，约瑟夫·克奈尔的《心流学习法》的出版，尤为珍贵。《心流学习法》通过深度自然游戏，唤醒孩子的身心能量，把孩子带入到大河奔流般的心流体验之境。

有人说，没有过心流体验的人，很难知道什么是真正的幸福。真诚希望孩子们都能体验处于心流之中的喜悦，长成有幸福感的成年人。

——霍雨佳
中国儿童中心家庭教育部部长、研究员

自然教育方法的总结与提升

约瑟夫·克奈尔影响了全世界许许多多的自然教育工作者，他领着孩子们走出房间，走向大自然，领会自然难以言说的壮阔神秘之美。

二十多年前，《与孩子共享自然》在中国翻译出版，自然之友邀请约瑟夫·克奈尔来到中国，在北京教学植物园举办了自然游戏工作坊，自此他所倡导的自然游戏成为影响中国自然教育领域重要的教学方法。《心流学习法》正是这一方法论的总结与提升，在人与自然日渐疏离、AI 飞速发展的当下，用心流学习法与孩子共享自然，意义非凡。

——郝冰
天下溪青蓝森林园园长

献给

所有热爱自然的人

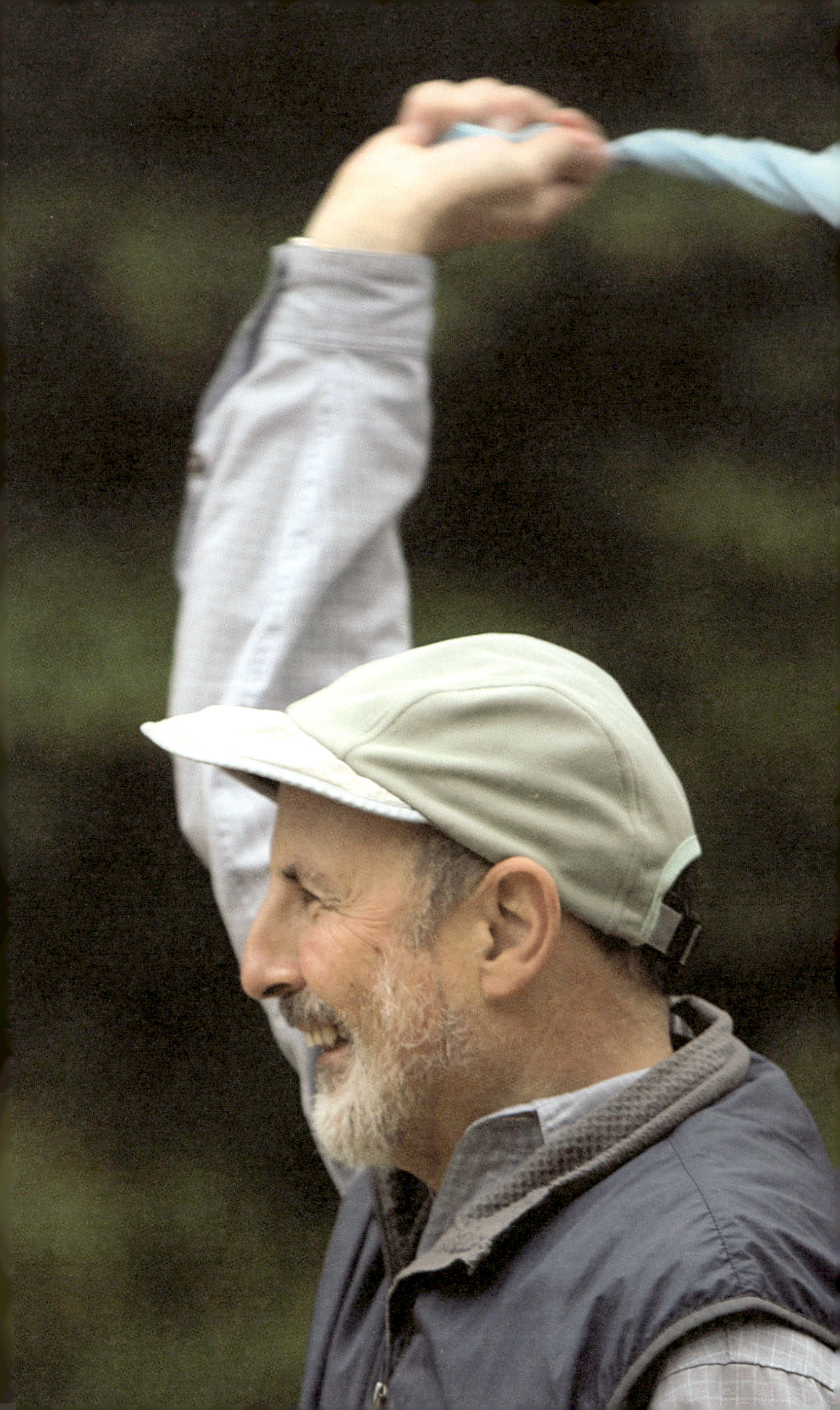

目录
contents

中文版推荐序　| i

英文版推荐序一　| v

英文版推荐序二　| vii

自序　| ix

心流学习法*模式　| 001

  什么是心流学习法　| 006

  心流学习法的四个阶段　| 008

  心流学习法图表　| 015

  心流学习法的有益收获　| 019

第 1 章　纯粹的感觉　| 023

第 2 章　清晰的思维　| 029

第 3 章　宁静的内心　| 035

第 4 章　当下的意识　| 043

第 5 章　心流　| 053

---

* 心流学习法，英文是 Flow Learning®，注册商标归全球共享自然协会（Sharing Nature Worldwide）所有。

第 6 章　自由改变　| 069

第 7 章　天人合一　| 091

第 8 章　极致和谐　| 103

第 9 章　自我掌控　| 125

第 10 章　循循善诱　言传身教　| 139

心流学习法的应用　| 153

　　最自然、最简单的学习方式　| 155

　　在语言实验室里的心流学习法　| 157

　　学校课堂中的心流学习法　| 159

　　觉醒的泪水　| 163

　　教学的艺术技巧　| 166

致谢　| 169

附录　| 171

　　缪尔和黑狗斯蒂金　| 171

　　自然游戏索引　| 177

　　原书注释　| 178

　　本书图片来源　| 184

　　约瑟夫·克奈尔及全球共享自然活动　| 187

　　网上资源　| 192

中文版推荐序

14年前,看到很多孩子的童年时光辗转于各类培训班,我和一群小伙伴就想,有什么方式可以让孩子们在生机勃勃的大自然里快乐自由地学习?

于是,2008年夏季,我们创办了"森林学堂"营队。孩子们在营队里可以观鸟,认识植物,做昆虫标本,搭建树屋,老师们教了不少关于植物和昆虫的知识。但营队结束后我问他们:"你们记得哪些知识?"孩子们说都忘记了。

这次营队活动让我深深思考:**到底怎样的学习才能唤醒孩子的热情,达到学习的最佳效果呢?**

我们开始寻找各类机构和书籍的帮助,直到有一天,一位伙伴找到了约瑟夫·克奈尔先生的《与孩子共享自然》这本书。书中介绍的五十多个自然体验游戏(活动)和"心流学习法"的四步骤,打开了我对学习方式的新认知。尤其是最后一篇"一起静静地走",让我更加确定自己找到了方向——通过心流学习法,帮助参与者进入沉静的心流状态,与自然融为一体。

2010年,我们正式成立了"乐享自然工作室",实践约瑟夫的共享自然活动。在活动带领中,我们发现仅仅依照《与孩子共享自然》中提供的方法，参与者还是很难进入忘我和沉静的状态。于是，2011年我们前往台湾，拜访已经受过约瑟夫课程训练的老师——台湾荒野协会亲子团的创始人林耀国先生。通过林耀国和戴文婉两位老师的亲身示范与带领，我们逐步从实践中领悟了心流学习法。这种简单实用的教学步骤，让每位家长和孩子参加营队后，都感觉到自身更高层次的能量被自然唤醒，并在生活中开始践行微小的改变。

心流学习法被我们的老师运用在亲子课程的带领、孩子的家庭教育和大学课堂中。使用过这种方法的孩子和成人都被其中有趣的体验活动吸引，他们的内在感受到自然的包容和启迪。

2016年，在林耀国先生的帮助下，我去美国阿南达社区拜访了约瑟夫·克奈尔先生。在社区里，我参加了阿南达的年会，聆听来自全球150个阿南达社区的伙伴分享他们的瑜伽和健康生活。在阿南达社区，我可以感受到每一位生活在此的伙伴都很宁静和平和。全球共享自然协会的总部也设在社区的森林中，约瑟夫每日在森林中漫步、冥想和沉思，和他相处的日子里，我看到约瑟夫·克奈尔先生借着笔和教学，将自然的力量和智慧传递给每一位参与者。

《心流学习法》这本书提供了一条体验内在与自然的途径，它唤醒了参与者内心的能量、好奇心、热情和创造力等高层次品质。如书中所说，心流学习法游戏性的一面，让学习者被唤醒的能量就像一股湍急水流，很容易冲走自我批评和恐惧等学习障碍，使我们不论老幼都能达到自由学习的境界。

《心流学习法》与约瑟夫之前的《与孩子共享自然》《共享自然》《深度自然游戏》有很多不同。**这本书结合了脑科学研究、冥想、瑜伽和改变内在的体验式学习方法，对个人能量在深度自然体验中的转变过程做了优美而清晰的解说。**每一章开始，约瑟夫都用自然教育中引人入胜的教学案例开篇，读者读完故事，蕴含其中的理论和方法也了然于胸；每一章结束，约瑟夫提炼了思考要点，读者可以细细回味。这本书本身又何尝不是在用心流学习法与读者交流？

这是一本帮助教育者、家长乃至每个人掌握心流学习法精髓的书籍，适合置于书架，常常翻阅。

林　红

全球共享自然协会中国代表处执行长

2022 年 10 月

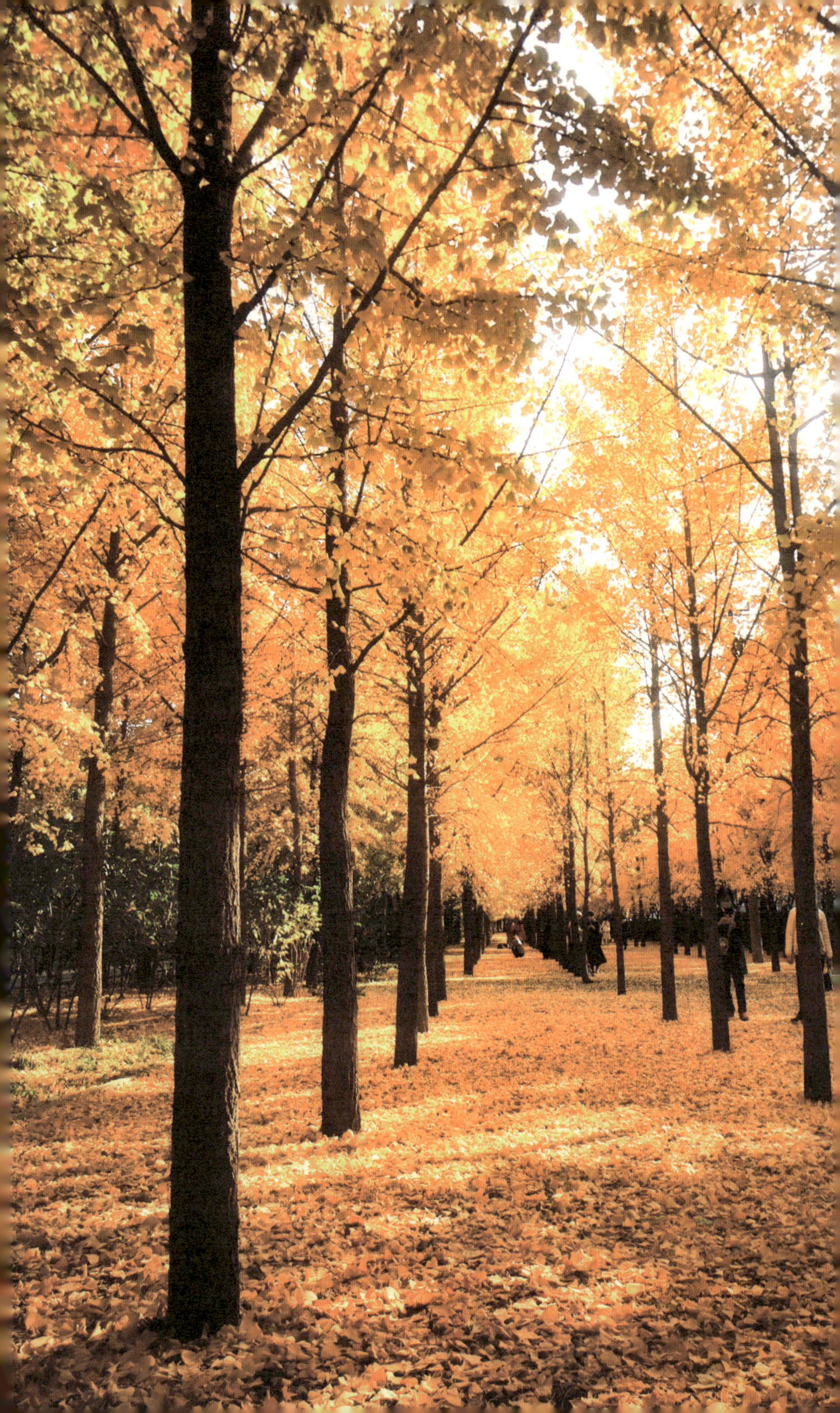

英文版推荐序一

每当我读克奈尔的书，就会想起美国早期超验主义作家们，特别是拉尔夫·沃尔多·爱默生（Ralph Waldo Emerson）、亨利·大卫·梭罗（Henry David Thoreau）和约翰·缪尔（John Muir）。爱默生在1836年出版了《论自然》，梭罗在1854年出版了他的《瓦尔登湖》。两人都精辟地阐述了自然的万物合一。缪尔在他的作品中也推崇同样的原则。

在这一杰出传统的直接传承之下，我们看到了克奈尔这本精彩的《心流学习法》。

中国哲学家老子（约公元前500年）是道家思想创始人。根据道家的哲学，大道至简，至仁至圣，大自然本身就是神圣的，我们必须与大自然潮起潮落的节奏和系统和谐相处。道的意思就是"自然之道"。有三个简单的词可以用来表达道的本质：质（纯净），静（寂静，宁静）和虚（开放性）。读者很快会发现克奈尔的教育哲学与老子的道如出一辙。

《心流学习法》将深度游戏、瑜伽、道家思想、神经科学、心理学和人类动机的原则完美结合在一起，展示了我们如何向本真的大自然敞开心扉，进一步提高对大自然的认识。书中关于感觉、宁静、意识、心流、变化、合一以及和谐的各个章节，将读者带入心流式学习的核心，让我们看到心流式学习在激发个人感悟方面的非凡能力。

心流学习法是一种简明实用又立竿见影的教学流程，目的是温和地消除学习和理解中的心理障碍。克奈尔的心流学习模式分为四个主要阶段：唤醒热情、培养专注、直接体验和共享感悟。这一充满变革性的教学流程，加上克奈尔备受欢迎的共享自然活动，能更有效地引导人们不断走进大自然。

大多数正式的教学都强调课堂内容，这样的教学在户外课堂上肯定会以失败告终。而体验式学习现在得到了国际自然保护联盟（International Union for Conservation of Nature，IUCN），也就是世界上最大的非官方环保协会的认可；该协会在世界范围开展了"人人共享自然"运动，以激发人们对自然的热爱。它的核心是一个极为简朴的理念：越多的人体验自然，分享他们对自然的热爱，就会有越多的人支持保护自然，为保护自然做出贡献。

英国森林学校协会曾称赞说："约瑟夫·克奈尔被认为是体验式自然教育的先驱"[1]，他的著作和活动"在世界各地引发了自然教育革命"。心流学习法在全球备受关注，以及克奈尔共享自然活动在各地广泛应用，其秘密就在于它们关注简洁、纯净，以及对自然的直接体验。克奈尔的创造力激发了数以百万计的人去欣赏和热爱大自然，他的名字应该和诺贝尔奖得主放在一起。

王鑫（Wang Shin）
台湾大学名誉教授，国际自然保护联盟/世界保护区委员会成员

英文版推荐序二

在我十几岁的时候，有一次跟随拓展训练队（Outward Bound）去野营。一天晚上，我一个人坐在犹他州格林河的沙滩上。环顾四周，我完完全全沉浸在自己所有的体验中：平静的河水，高耸的峡谷，柔和的月光照在石壁上，微风中飘散着三齿蒿的香味。我感到内心世界的极度平静和完整。这段经历推动了我日后投身于自然教育。**但是，我该如何捕捉这种感觉，并让它不断地出现在我的生活中呢？**

我从约瑟夫·克奈尔的书中找到了答案。约瑟夫在他的最新著作《心流学习法》中揭示了如何"将我们转瞬即逝的巅峰体验变成不断的灵感源泉"。

他是如何完成这一转变的？答案是：利用人们内在的能量。约瑟夫写道："'相变'描述的是物质如何从一种状态转变为另一种状态。将物质从固体转变为液体需要能量；没有能量，任何东西都不会改变或移动。"同样，心流学习法能够改变我们的能量，甚至是从意兴阑珊到兴致勃勃，积极接受新事物的转变。

我从事心流学习法教学已经十五年了，我一次次亲身体验到在儿童和成人身上"相变"的魅力。学习成为学习应该的样子：趣味盎然、激动人心,富有深刻的意义。一位来自中国的培训学员曾热泪盈眶地对我说:"这是我一生中最幸福的日子。"他此行的目的原本是学习自然教育,带回的却是改变人生的体会。**快乐学习是心流学习的秘诀。**

心流学习的魅力还在于,这种学习法根植于传统智慧。在共享自然和心流学习的锦缎中编织进去的是诸如宁静、直觉和合一这些普遍的感知原则。约瑟夫智慧地把这些理念应用于以游戏为中心的自然活动,几乎在世界上每个角落都取得了巨大成功。这些感知原则天然地强大和有效,以至于在中小学以及其他专业培训领域,心流学习法都成绩卓著。

当你阅读这本书的时候,你会时时看到一颗深深热爱自然和献身于社会的心。在我与约瑟夫多年的密切合作中,我看到的他总是一如既往地充满热情和灵感。他始终在践行自己的理论。他用心流学习法的普遍原则鼓励学生,也同样来激励他自己。

研究表明,我们很少能记住常规教育中所教的东西。正如约瑟夫所写,"把这么多的时间和精力用在昙花一现的事情上,难道不是很不切实际吗?"

是的。我们需要一种新的教育范式,而心流学习法为我们指明了方向。

谷乐谷·特雷马尔(Greg Traymar)
全球共享自然协会国际总监

自序

《心流学习法》是我之前的著作《共享自然》的姊妹篇。《共享自然》一书深入描述了心流学习法的实践,介绍了50个自然游戏。《心流学习法》则在"心流学习法图表"中概述了心流式学习各个阶段的益处。

看到自己的团队生龙活虎、热情高涨,以及富有灵感的反应,很多心流学习法的老师都对学习效果极为惊讶。直接的体验、直觉、内在动机、培养创造性游戏和宁静深远的意识——这些基本而微妙的要素为心流式学习注入了力量。本书的每一章都将阐述一种或多种要素,使读者能够充分理解如何使用它们以达到最佳效果。当更深层次的要素开始发挥作用时,心流式学习就会真正进入神奇的境界。

心流学习法不仅让我们面目一新,还有能力唤醒更高层次的感悟意识。对于曾经参与过共享自然活动和心流学习法的朋友,本书会展示这种教学方法的深度和全部潜力。各行各业、各种背景的读者都能在这本书中找到激励自己和他人积极改变的宝贵资源。

约瑟夫·克奈尔

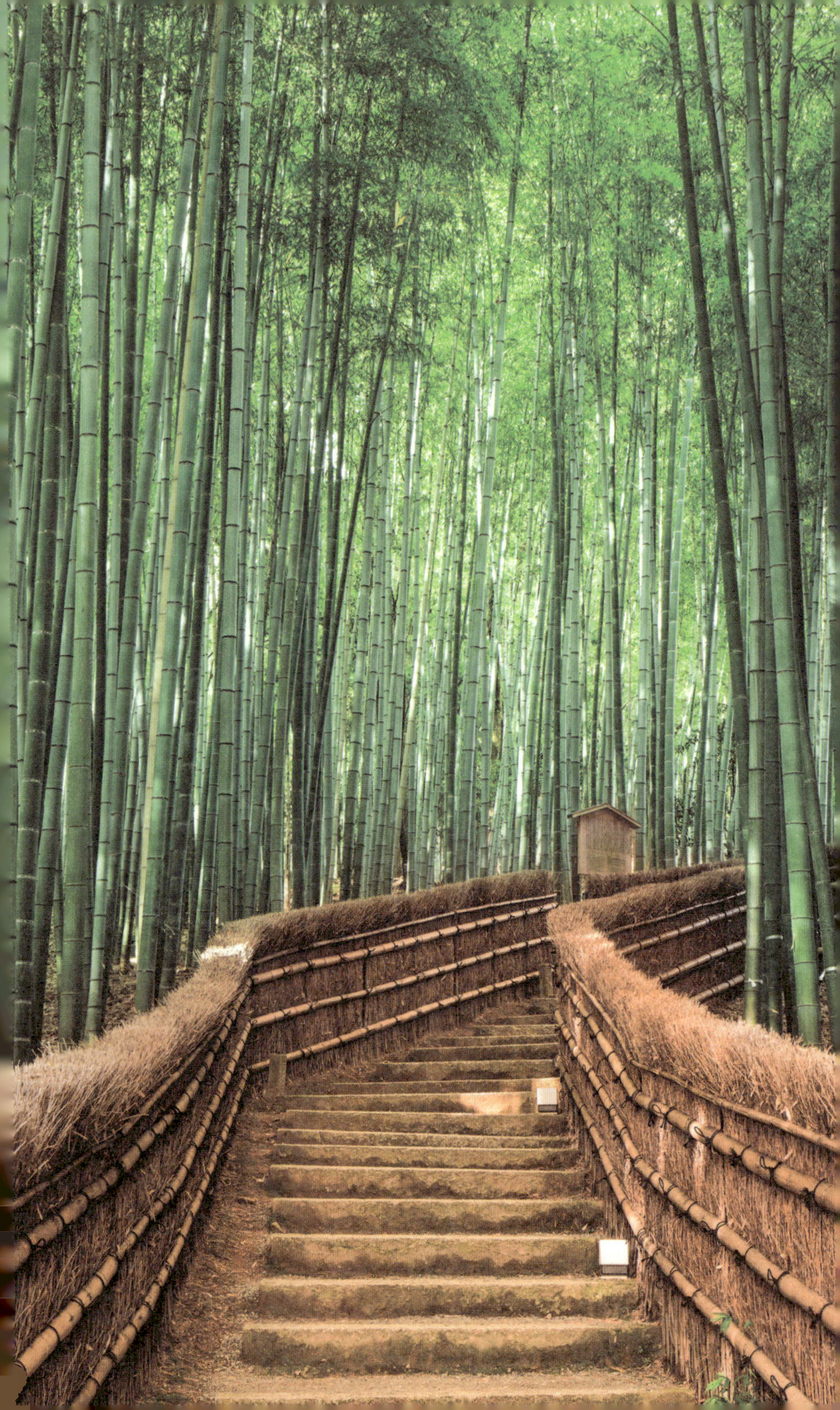

心流学习法模式

我生长在加利福尼亚州北部的菲泽河岸边。从 10 岁开始,我每天都会早早起来,在黑暗中跑着去迎接太阳初升。我喜欢看晨曦渐渐唤醒大地,金色的阳光充溢在田野和池塘,四处的鸟儿和兔子也开始睁开眼睛。日出时分,似乎万物重生;我感受到一种与众生共舞的喜悦之情。从童年开始,只要一有机会,我就会让自己沉浸在大自然之中。

多年以后,我在加利福尼亚州立大学奇科分校主修自然体验课,我读到印第安人会在夜间涉水到沼泽地去猎捕野鸭。漆黑的夜晚提供了接近鸟儿的绝好时机,对我这样一个观鸟者来说实在太有吸引力。一个冬天的晚上,我去了最喜欢的沼泽湿地一探究竟。当接近沼泽的时候，我听到成千上万只鹅的抖动声，然后是一起振翅高飞带来的轰鸣，它们的翅膀拼命拍打，想要飞得更高。鹅群像火山一样喷发，一时间满天都是盘旋奋飞的鹅。

在湿地上，沿着草丛滑过的还有数以千计的鸭子，正飞向四面八方。我忘记了冬天的严寒，急急跳入水中躲起来。沼泽地里急速飞来飞去的鸭子，还有天上已经排成人字形聒聒噪噪的鹅群，让我欣喜若狂，竟然一下子忘了寒气逼人。

一连几个小时，全靠着耳听八方和手脚并用，我悄悄地从一片满是鸭子的湿地跋涉到了另一片湿地。在挤满鸭子和鹅群的沼泽度过的这一晚，后来一直让我心驰神往，每每回想当时的情景，我和湿地之间的界限仿佛渐渐模糊，完全融为一体。

我在大学的专业是自然体验，具体地说就是"如何与自然融合"。自然体验培养了我的一种热情，想去帮助他人像我一样感受到与大地合一的奇妙感觉。

大自然原始的存在总是渴望着能去触动人类的心灵。在与大自然的神奇邂逅中，我们就像是进行渗透作用的一个个细胞，吸收着周围的养分。在渗透过程中，细胞不仅从环境中获取，同时也回报给环境。为了强化这种互动交流，我们必须向大自然敞开心扉。

作为一名户外教育家，我惊喜地发现，当沉浸在户外游戏中时，我们能达到和自然世界的合二为一——我们甚至能感觉到自己通过渗透运动融入周围的环境，也同样感觉到周围的山明水秀正流入自己。

我在20世纪70年代开始创办自己的自然体验活动，每当看到大家在参与这些活动时变得格外活跃，对大自然充满敬畏珍惜之情，我就感动不已。自然爱好者、教师和家长们都张开双臂欢迎这些活动，因为他们发现自然体验活动易于传授，而且行之有效。

在80年代初，为了获得最佳的体验效果，我开发了一套按自然活动排序的学习系统。有了这一系统，无论人们的兴趣或体能水平如何，主持人都能吸引更多人参与到活动中来，并逐步引导参与者达到更有意义和更上一层楼的学习境界。

这样的学习过程就像一股暖流注入心田，极大地增进我们的感知，因此我把这种教学系统称为"心流学习法"。"心流学习法"建立在普遍的感知原则之上，与世界上很多传统智慧体系也是一脉相承的。

1981年在澳大利亚参加一次"共享自然"的研讨会时，我首次想到了"心流学习法"的教育模式。

在那次访问之行的最后，我的东道主热心地说："开车回程的路上，我们再去大学做一个即兴讲演吧！"在此之前的五周里，我在澳大利亚东部各州穿越 11000 公里，主持了 19 场全天研讨会，加上无数的讲座和媒体露面，我简直是筋疲力尽，连回答的力气都没有了。

到了那所要做演讲的大学，我知道自己的万般不情愿已经于事无补。于是，我走进附近的花园，坐下来冥想，全心全意祈祷自己能有足够的精力和热情做演讲。

在接下来的讲座中，我竟真的始终充满了喜悦，而且灵感四射。突然间，我第一次清楚地认识到自然活动如何融入到一种自然而有效的流动之中，而这种流动实际上反映了我在冥想时内心的流动。灵感使我精力充沛，最终我解释这个新学习系统的时间远远超过了规定的讲演时间。

心流式学习有四个阶段：唤醒热情，培养专注，直接体验，共享感悟。这四个阶段逐步唤起人们的兴趣，提高人们的接受能力，并与自然世界建立起深刻的联系。

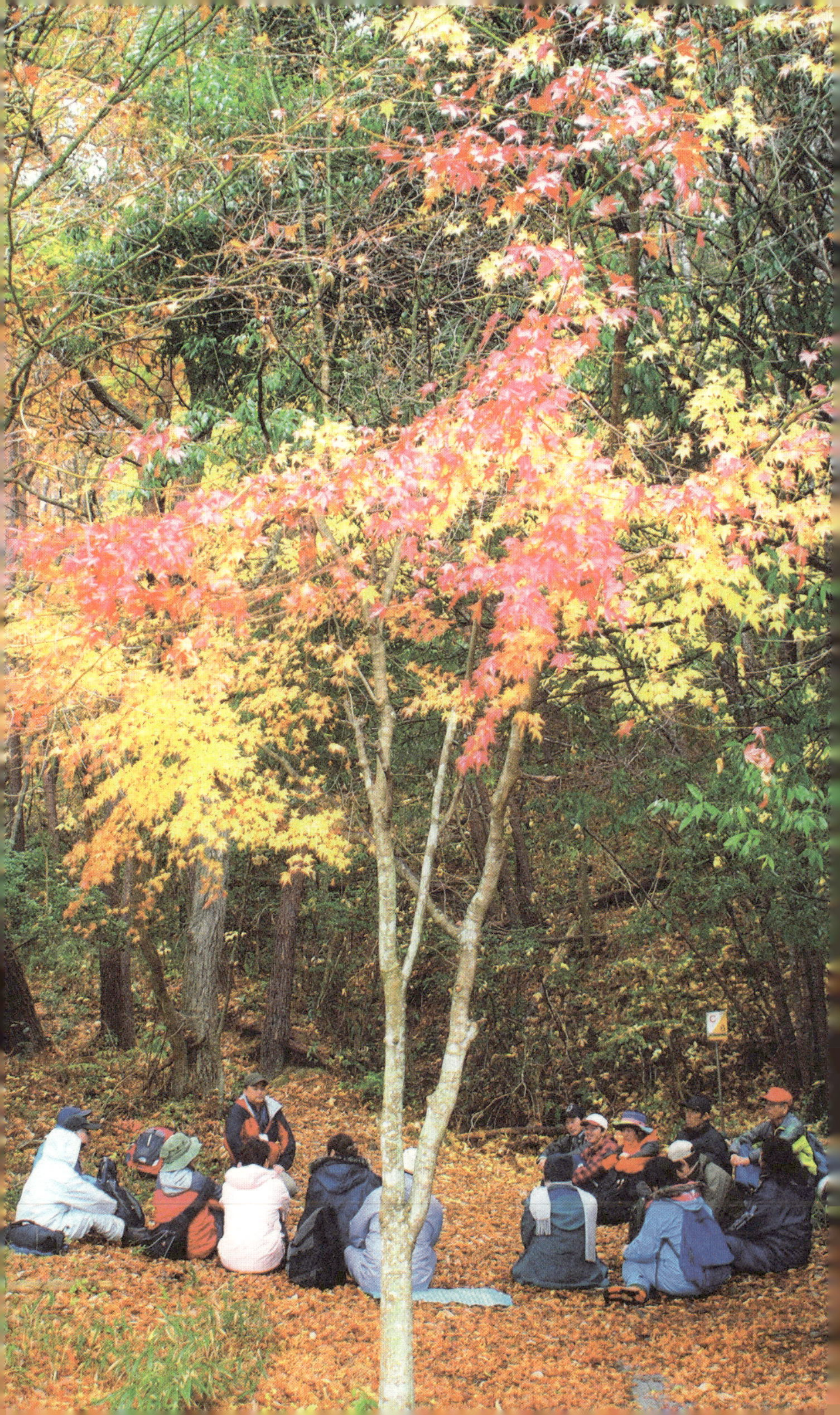

什么是心流学习法

心流学习法（Flow Learning）是一套教学方法，它能够帮助学习者进入一种心流状态（专注于某种行为，不断产生灵感，同时伴有高度的兴奋和充实感）。通过心流学习法的四个阶段，游戏者和游戏本身和谐地联结成一个整体。

正如我在梦中，体验到与飞鹰同翔于天际时的融合感，心流学习法在每个阶段都通过一系列好玩的活动，循序渐进地将一般游戏晋升为深度游戏，逐渐消弭我们和自然之间的人为藩篱，最终也让参与者体验到与自然合而为一的融合感。心流学习法不仅是一套教学方法，更是带领我们到达更高意识状态的修炼。

在工作、学习或闲暇时间里，我们越能进入到游戏状态，就越能收获更多的快乐和创意。使用心流学习法的人，因为全心投入到课堂主题，所以能更好地理解学习目标，抓住学习重点。而保持心智开放，拥有更深的理解力，正是学习真正的关键要素。

要将物质从固态变成液态，或从液态变成气态，都需要能量；没有能量，就没有改变或移动。要调动全班学生的积极性，也需要能量。这时候，能量源于学生内在的意志和精神。心流学习法和好玩、有趣的共享自然活动，能够唤醒学生的全部身心，使学生对学习对象产生源源不断的强烈兴趣。由于他们的学习意愿得到了充分的调动，学生可以体验到全新的学习前景。

虽然最初创建心流学习法是为了户外自然课程的教学，但同样的顺序也适用于任何主题的教学，无论是室内还是户外。心流学习法建立在一种普遍原则的基础上，即人如何学习，如何更具觉察力，以及作为人类，心智如何更加成熟。成千上万的教育工作者和户外带领者发现，这种教学方法极具成效。

心流学习法的四个阶段

一、唤醒热情

　　第一阶段的活动生动好玩，让学习变得有趣、有教育意义和体验性。学生与老师、学生与课程之间都建立起热情融洽的关系。

二、培养专注

　　第二阶段的活动，通过直接挑战身体的各种感官，帮助我们变得更冷静、专注，学会聆听大自然。

三、直接体验

第三阶段的活动是与一个自然环境或者大自然中的对象建立深层联系。这些活动通常很安静，但意义深远。

四、共享感悟

第四阶段的活动是用创意艺术来澄清和加强个人体验。这些活动的目的是营造一种陶冶性情、追求崇高的氛围。

自从创建了心流学习法，我就一直能够实现我作为一名教师的最高目标。以前，我总是指望学生们哪天忽然开窍，而现在每次的研修会我都会看到学生有灵光乍现的时刻。心流学习法的4个步骤，让参与者"真正体验到成为大自然一部分的感觉"（评价来自美国自然教育机构奥杜邦学会）。

心流学习法体验优先的原则，能立刻吸引住学习者；在被要求融入智力学习之前，孩子们已经与所学科目建立了直接联系，因此他们的学习兴趣也会大涨。

大量观察证据表明,孩子们很难记得住学校里教的东西。这是现代教育面临的挑战之一。儿童发展专家约瑟夫·皮尔斯(Joseph Chilton Pearce)的研究结果印证了同样让人失望的情况:学生只能记住大约百分之三到百分之五的正规教学内容。皮尔斯总结说,相反,让学生终生难忘的是在学习知识时所体验到的情感。

我们把许多时间和精力花在孩子们转身即忘的东西上,是不是很不明智?而当学习是领略式、充满乐趣的,让学生去体验生活而不是简单地描述生活,记忆力却会显著提高。朱莉·索斯克(Julie Soske)是加州文图拉市四年级的老师,她对此深有感触:

当我和学生们沉浸在"共享自然"的活动中时,我总能深刻地感觉到这才是儿童"应该"有的学习方式。他们在学习的时候充满了热情、惊奇和喜悦。学年结束时,当我们回顾共度的时光,总是"共享自然"的课程让孩子们记忆犹新。

赫拉克利特曾经说过:"人只有达到了孩子在游戏中那样认真的境界时,才最接近他自己。"游戏中的孩子通常表现出这样的特点:全身心地投入、专注、心地单纯、能屈能伸、有勇气担当,而且还有自信心。玛利亚·蒙台梭利(Maria Montessori)也曾说过,如果比较儿童和成人的学习能力,我们会发现成年人需要用六十年的努力才能获得小孩子三年内能够学会的东西。[2]

心流学习法游戏性的一面,就像一股湍急水流,很容易冲走我们的自我批评和恐惧等障碍,从而使我们不分老幼都能达到自由学习的境界。

2018年，112名台湾大学生参加了一次心流学习的研究活动，我们从中看到许多有益的结果。有两个研究报告提到了深度体验和童心觉醒：100%的参与者认为自己"能够以纯真态度向大自然敞开心扉"，97%的人说他们对这次学习记忆深刻。

尽管"心流学习法"最初是为户外自然课程开发的，却可以用于教授无论室内或室外的任何科目。举个例子，我的朋友布鲁斯在教小学生数学时，做了四个标志牌：A、B、C和D，并分别把这些牌子放在教室的四个角落，然后他给孩子们出选择题。如果学生认为问题的答案是"C"，就跑到有"C"牌子的角落。

学生们竞猜后，跑向正确角落时的兴奋或跑到错误角落时的笑声，都大大激发了他们学习数学的兴趣和热情。

建立一个心流学习的阶段序列，可以考虑以下几个问题（甚至可以用同样的问题来激发创造力，以活跃会场或者小组讨论的气氛）：

1. 我怎样让学习或讨论变得更愉快、更吸引人？
2. 如何让每个人都平静下来、集中注意力，提高他们的开放性和接受度？

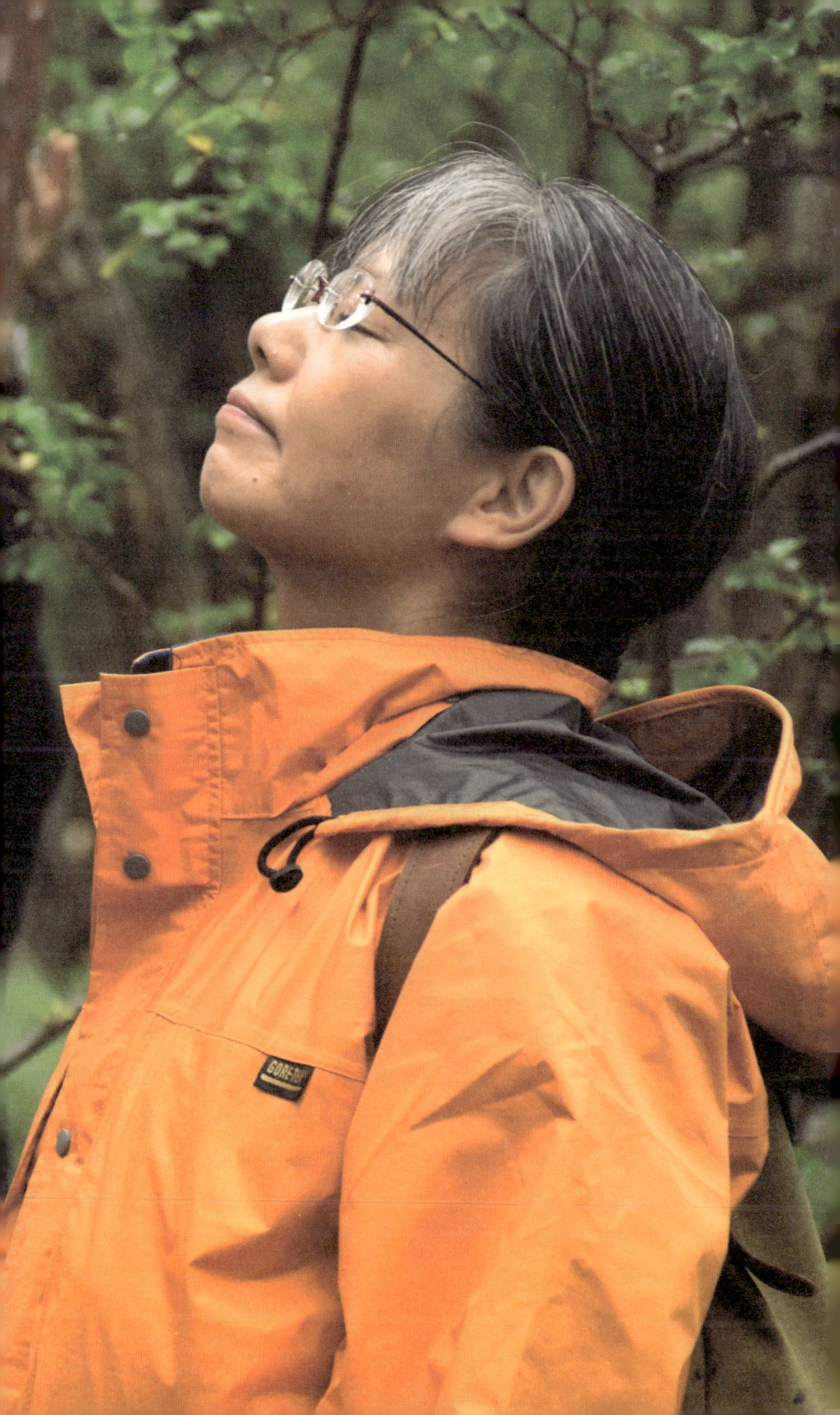

3. 我们怎样才能对这个主题有一种内在体验?

4. 我们能做些什么来反思和表达我们的体验?

这一序列为安排课程提供了简单的框架,意在激发兴趣和鼓励参与,以达到对学习科目个性化的生动认识。

心流学习法图表

图片来自《共享自然：面向所有年龄段的自然意识活动》Copyright © 2015 Joseph Bharat Cornell

第一阶段：唤醒热情
品质：游戏性和机敏性
- 以爱玩的天性为基础
- 营造充满热情的氛围
- 一个充满活力的开始让每个人都说："是啊，我就喜欢这样！"
- 发展机敏性，克服被动性
- 为每个人创造投入其中的机会
- 尽可能减少纪律问题
- 构建参与者、引导者以及他们与游戏对象间的亲密关系
- 培育正向的团队精神
- 提供方向与架构
- 为稍后更深的觉知活动做准备

第二阶段：培养专注
品质：感受力
- 延长专注时间，加强专注集中度
- 通过培养专注力来深化觉察力
- 正向引导第一阶段营造出的热情与兴趣
- 发展观察技巧
- 平复心绪
- 发展感受力，以更敏锐地体验自然

第三阶段：直接体验

品质：与自然交流

- 培育更深层的学习力和直觉式理解力
- 激发好奇心、同理心和爱
- 促进自我启发与艺术灵感
- 唤醒与自然某些部分的持久联结
- 传递完整感与和谐感

第四阶段：共享感悟

品质：清晰性和理想主义

- 澄清并深化个人体验
- 提升学习力
- 以饱满的情绪状态为基础
- 促成正向的同伴支持
- 培育团队凝聚力
- 鼓励理想主义和利他行为
- 为引导者提供回馈

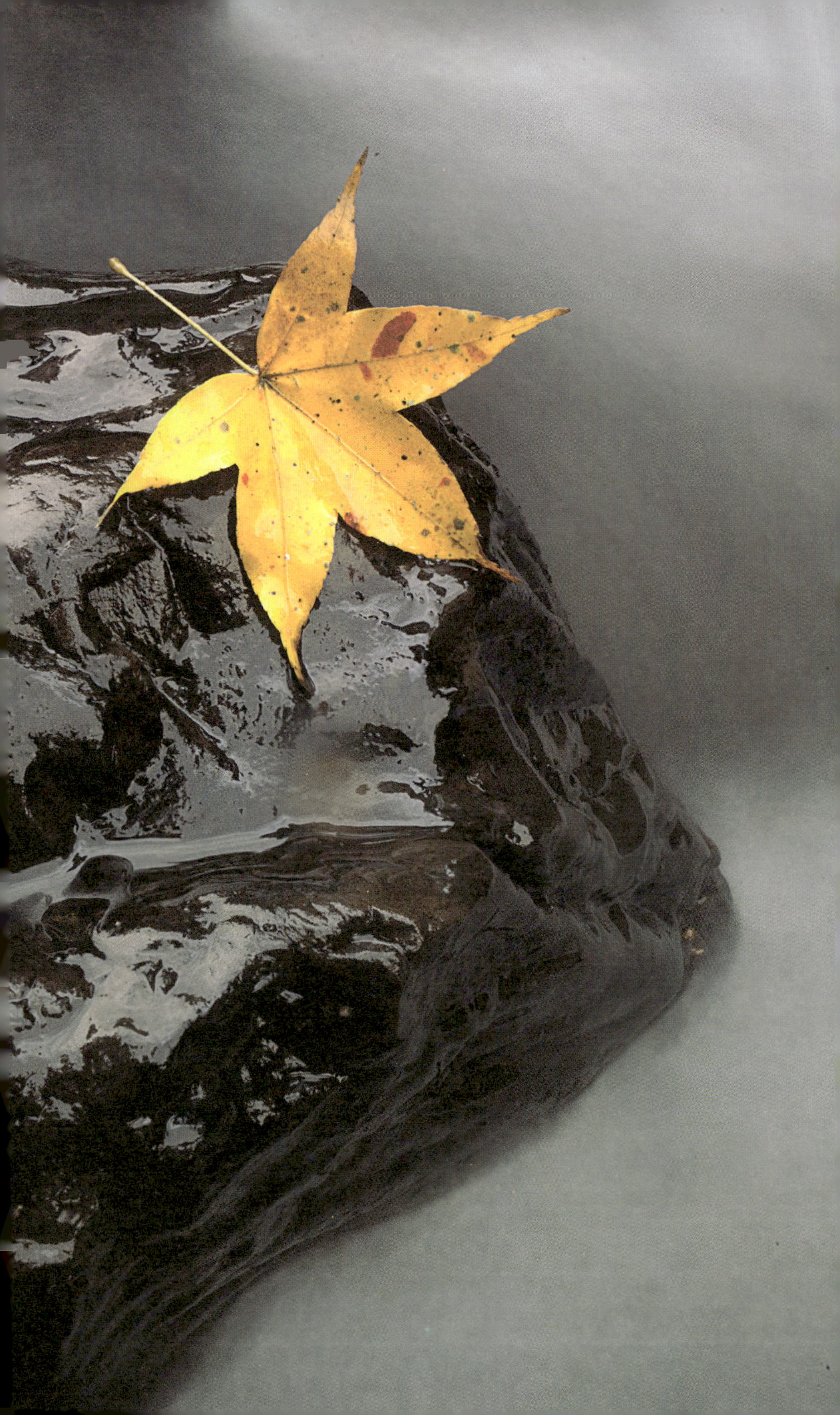

心流学习法的有益收获

日本最早的环保政治家田中正造说过:"河流的治理,从来不是河流的问题,而是人类心灵的问题。"[3] 我设计心流学习法是为了帮助人们唤醒自己更深层的本质。富有同情怜悯之心的人,自然会去考虑万物众生的福祉。

在希腊语中,教育一词的含义是"从内心引领出来",而真正的内心变化是潜移默化的。心流学习法不是耳提面命地教导学生如何改变,而是要创造一条体验的途径,从学生自己内心引领出更强的共情和同理心。通过与自然的深层接触,将孩子们的自我认同感扩展到生命视野的新高度。

想象有一个冰分子被困在格陵兰岛的冰川里,我们不妨叫他"艾克"。艾克和他的分子小伙伴们锁在一起,他的全部生命体验就是寒冰。在十几万年的时间里,艾克一直保持着自己晶体的形态。当艾克忽然听传闻说,冰一旦变成水蒸气就可以自由自在潇洒来去,他简直不能相信自己也会和其他分子混合,一起旅行到遥远的地方;而如果这是真的,他又感觉这不会是什么好事。

然而,只有当艾克变为液态、气态以后,他才能成为水蒸气四处游荡;此后,他才能对自己巨大的变化感到自然而然。就像

H_2O 能尽情发挥自己在每个阶段（冰、水和水蒸气）的特性一样，人类也有潜力表达自己在不同意识状态下各不相同的品质。在我们自己身上激发出深层的变化需要更大的能量，而心流学习法提供了这样的能量。

恰恰是在用体验的方式学习课程内容的时候，孩子们通过心流学习法获得了珍贵的人格品质：纯粹的感觉、清晰的思维、宁静的内心、当下的意识、心流、自由改变、天人合一、极致和谐以及自我掌控。下面的每一章都会关注这些结果。

> 让我印象最深的不是孩子们在工作坊结束时知道了什么，而是我在他们脸上看到的喜乐和平静。这才是《圣经》中所说的那一粒粒力大无穷能够挪山的芥菜种子。
>
> ——迈克尔·索尔（Michael Soule）
> "绿色地球之子"组织联席主任

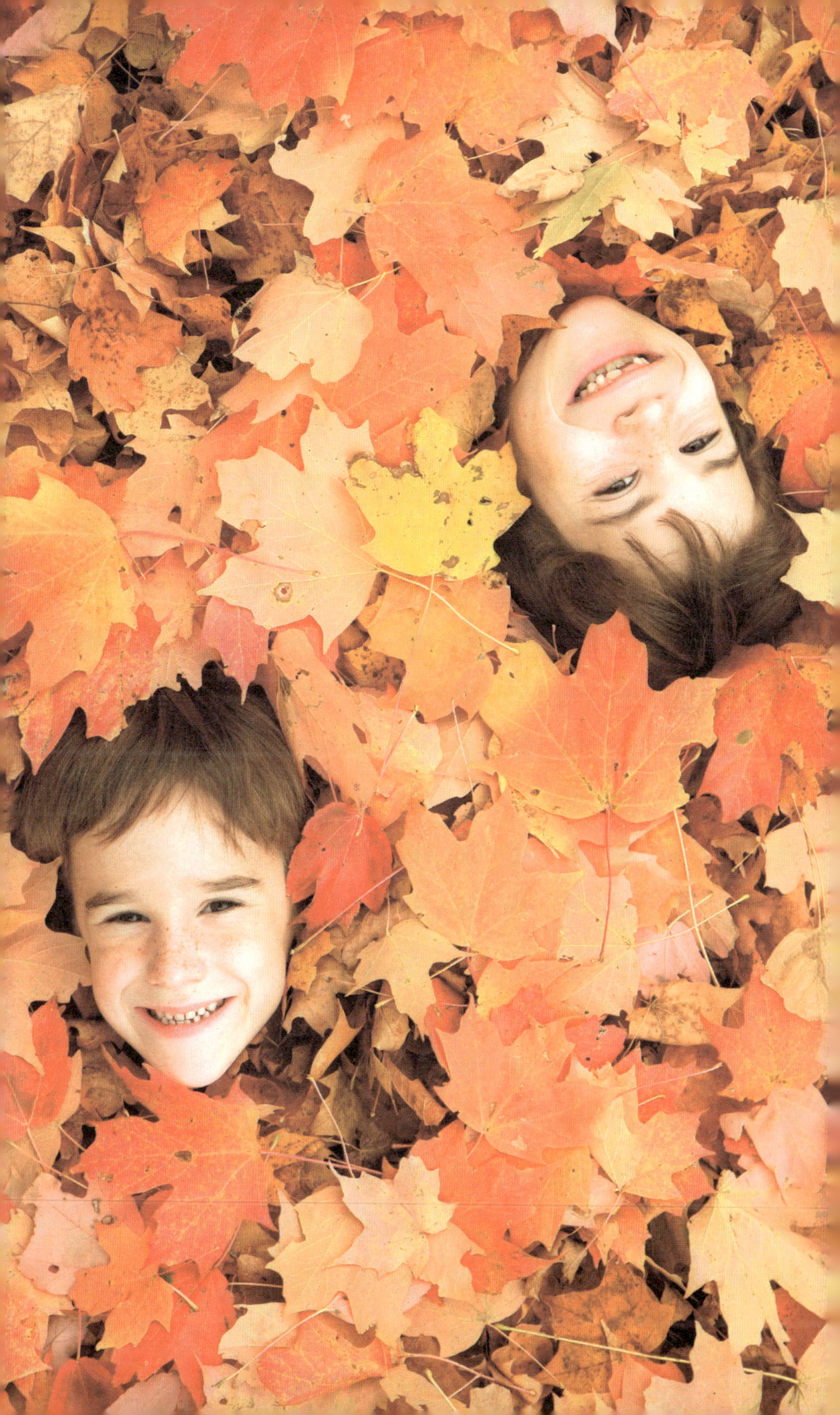

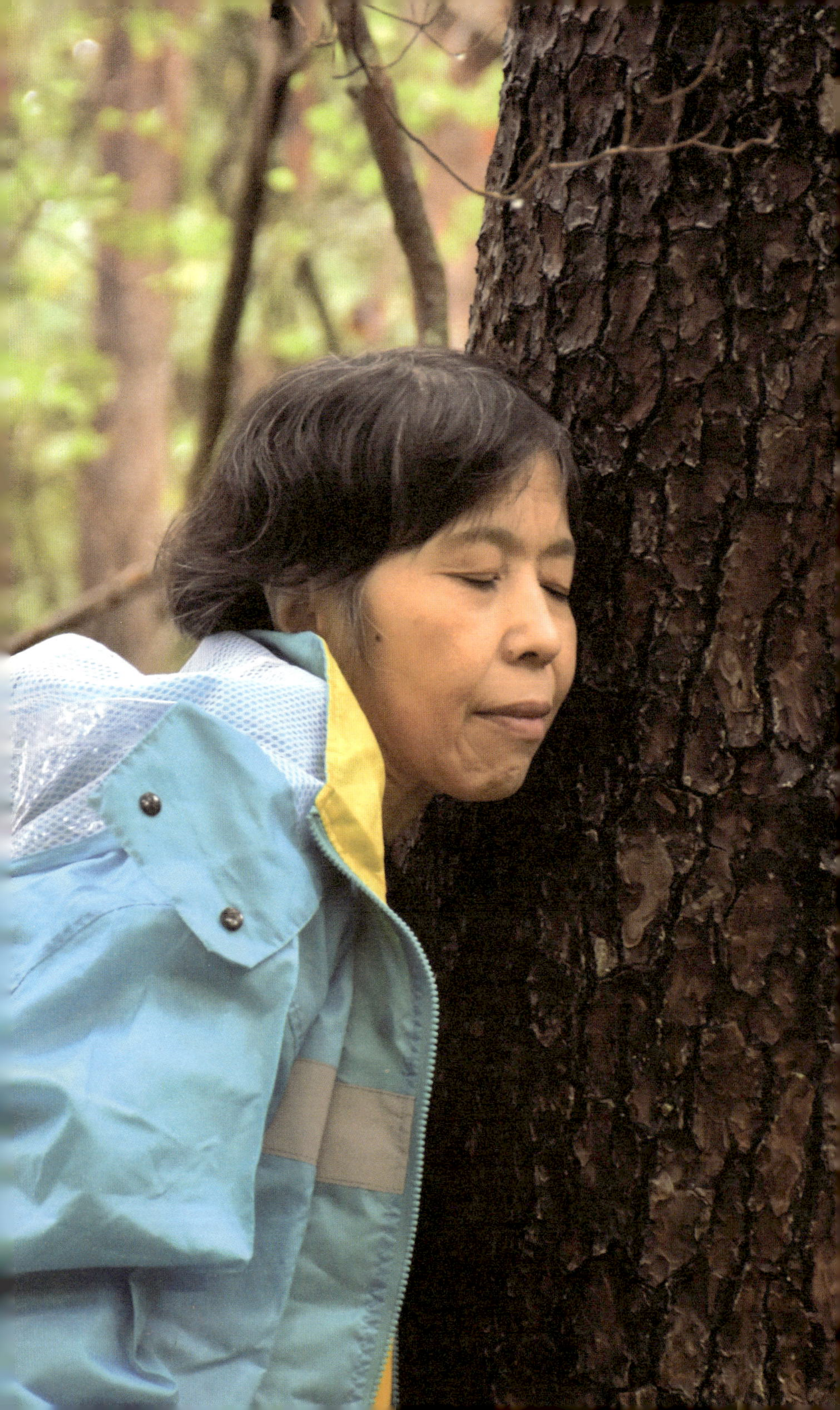

第1章

纯粹的感觉

有一天,我在戴所雷野地保护区(Desolation Wilderness)远足,穿越一处偏远的峡谷时,我体会到一种欣喜若狂的感觉——这种喜悦感似乎无处不在,让周围的花朵、石头和层层叠叠的溪流都充满了活力。每一片草叶,每一处小瀑布和每一块长满青苔的岩石,似乎都放射着光芒,在这种包罗万象的喜悦中欢欣雀跃。

19世纪最著名的自然学家亚历山大·冯·洪堡(Alexander Von Humboldt)曾写道:"自然必须通过感觉来体验。"[4] 深层的自然体验其实就是一种持续的平静感觉。

感觉是自我意识的本质。如果没有感觉,我们就仅仅是机器,

---

* 戴所雷野地保护区(Desolation Wilderness)意译为荒漠野地,因为地势高于森林线,看起来像荒漠,因此得名。位于加州太浩湖以西,是埃尔多拉多国家森林的一部分,有山峰、谷底、森林和湖泊,经常还有黑熊出没。——译者注

无法体会到诸如惊奇和共情等令人振奋的人类品质。

英国作家和自然学家理查德·杰弗里斯（Richard Jefferies）在他的自传《我心灵的故事》（*The Story of My Heart*）中写道："我可以感觉到大地在对我喃喃低语……纯净而流动的空气……触动着我，要向我呈现自己……我对万物都很敏感……从最不起眼的草叶，到参天的橡树。一切都像是外部的神经一样……向我传递着感觉。"[5]

感觉是人类意识的一部分，是全心地体验和参与，是观察者与被观察的事物之间的交流。

著名的跨物种交流研究者温特·沃所恩（Wynter Worsthorne）曾经把自己连在一台可以检测脑电波活动的生物共振仪上。当她与一个动物交流，接收动物的图像、感觉和想法时，温特的右脑（直觉区域）就开始活跃起来了。而当她开始记录交流的结果时，她的左脑（分析区域）变得活跃。

她说，与动物的交流，"其实就是感觉……要让智力和知识让位……要试着忘记智力和知识……那时你知道你真正从动物那里得到信息，而不是……自己的思想和学习"。[6]

我最近在读一本饶有趣味的书，书名叫《大师和他的使者》（*The Master and His Emissary*），作者是英国精神病学家伊恩·麦吉尔克里斯特（Iain McGilchrist）。他说，人类大脑的右半球能感受当下经验的丰富性，并从整体上看待生命，使我们充分体验自然；左半球则摆脱了直接经验流（由右脑输入），以不同的方式分析和再现世界：经过左脑的处理，一切都变得更清晰更稳定。[7]对接收的信息做分类和重组,这一过程使我们能够在世界上立足,获得更多的生存资源。

右脑将自己的感知传递给左脑,左脑给自己创造一个虚拟世界。左脑的长处是利用和掌控自然,右脑的长处是敬畏自然。在理想的情况下,左脑会将自己对信息的处理过程反馈给右脑,以便得到像右脑那样深刻的生命意识和共情心的滋养。不幸的是,我们今天的教育,无论老幼、师生都往往更偏重于左脑的利用,我们对左脑接收信息更习以为常。

按照麦吉尔克里斯特的说法,**右脑:**

- 体验不断更新、欣欣向荣、充满活力的生命;
- 学习、接受崭新的思想、感觉和态度(左半脑处理的是已知的一切);
- 生活在当下(而不是过去或未来);
- 与自然和他人建立深厚的联系;
- 满怀共情心和感激之心。

对于教育家和改革家来说,最难能可贵的是,一方面要理解左半脑主导地位的重要性,另一方面又能欣赏激活右脑时所产生的激动人心的益处。共享自然的体验游戏和心流式学习,可以同时刺激大脑的两个半球;更重要的是,能让学生持续不断地感受右脑深刻的意识和灵感。

本章思考要点

1. 自然必须通过感觉来体验。

2. 感觉是自我意识的本质。

3. 人类大脑的右半脑主管感觉的表达。

4. 人类大脑的右半球能感受当下经验的丰富性,从整体上看待生命。

5. (大脑)左半球通过分析,用抽象形式再现生命体验,创造一个虚拟世界。左脑通过分类和重组接收到的信息,创造清晰和稳定的环境,以此来掌控世界。

6. 右脑认为生命是不断更新、欣欣向荣和充满活力的。所有新的思想和更高层次的人类感受都是首先在右脑中体验到的。

7. 培养专注和提供直接体验阶段的活动,可以刺激右脑的学习和体验。

本章活动：天地这样感动了我

受杰弗里斯的启发，我创造了一个"天地这样感动了我"的游戏，帮助人们与纷繁多样的大自然进行交流。做这个游戏，要去到生机盎然的大自然中——比如枫树林间的小溪边，鲜花盛开的山间草地，或者是一片杨树林。

当某样东西吸引了我们的目光，感觉内心深处仿佛触到它的本质，它在我们的意识中就苏醒过来。这时，我们可以深情注视它，用它的名字完成下面的句子："＿＿＿＿＿感动了我，仿佛它的一部分融入了我的生命。"比如，我们看到一只乌鸦从高空飞过，就对自己说："这只乌鸦感动了我，仿佛乌鸦的一部分融入了我的生命。"

一位年轻的瑞士女士在做过这个游戏之后说："听起来如此简单的练习，却成效卓著。我能感觉到树木的真实存在，感觉到自己与周围的一切紧密相连。"

第1章　纯粹的感觉

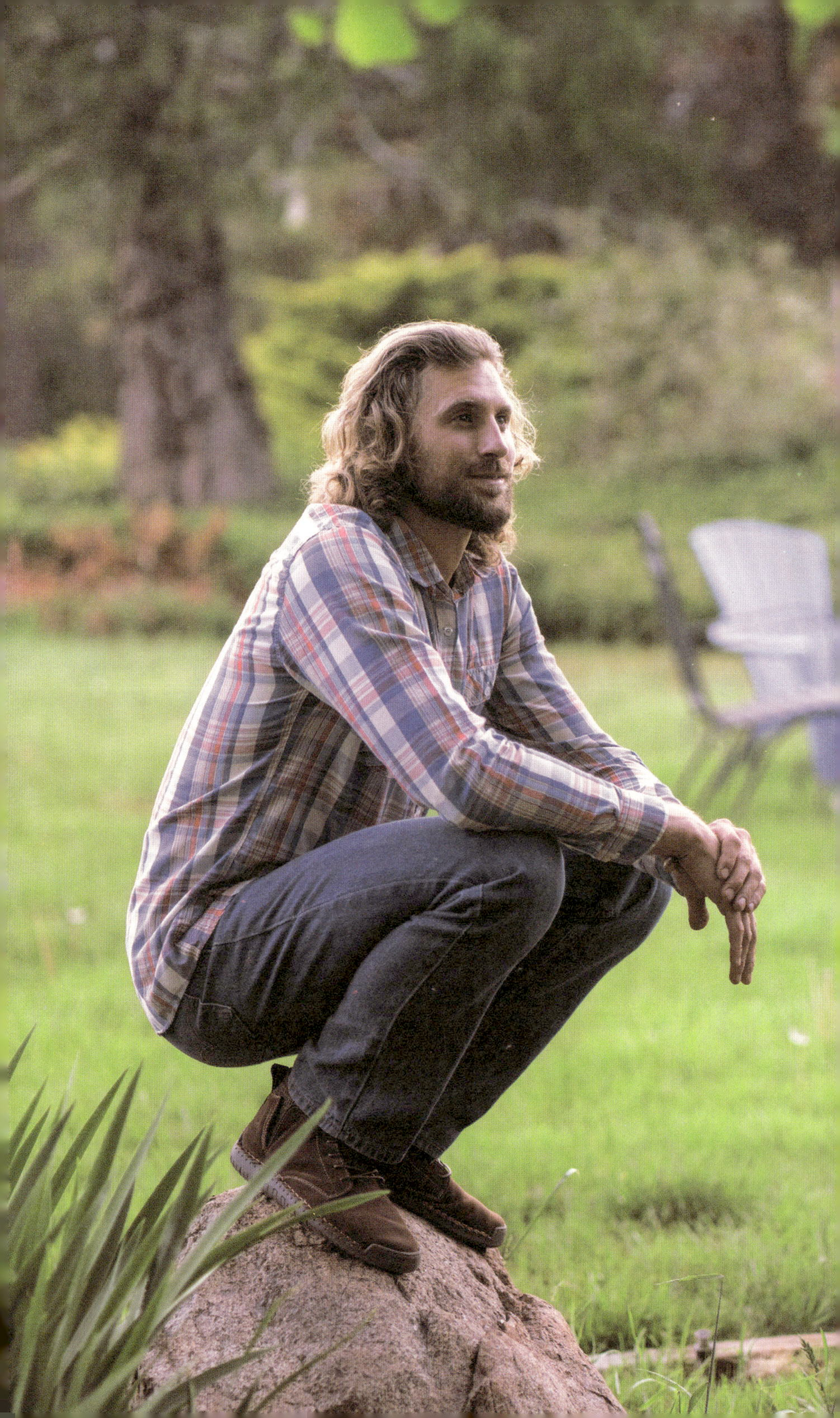

第 2 章

清晰的思维

要想和大自然紧密相连，我们必须在内心感受到大自然。如何在内心感受自然？唯有平心静气。内在的平静能激活和修炼心灵。清晰或纯粹的感觉比情绪更深刻，情绪是心神不宁的感觉。平静的感觉像一个没有涟漪的湖面，能清楚地反映出我们的生命。

"科学一直试图将感觉排除在科学验证之外是有原因的。"我曾听瑜伽大师斯瓦米·克里亚南达（Swami Kriyananda）在一次演讲中说道，"有偏见的感觉是对心智的损害。当感觉有强烈的偏见时，理性通常会支持这种偏见。然而，人们却犯了混淆情绪和感觉的错误。情绪是理解的障碍，但另一方面，平静的感觉则是深刻理解的精髓……纯粹的感觉促进清晰的思考。因此科学家应该鼓励感觉的纯粹性，就像他们鼓励思维的清晰性一样。"

情绪是一种自负，而清晰淡定的感觉则是灵魂的一部分。自负会将人生经验铸成自己认定的唯一现实，而平静的感觉会拥抱人生的一切可能性。

想象一个被群山环抱的原始湖泊，湖面倒映着周围的一切——山、树和天空。

情绪的风让湖面泛起涟漪，有涟漪就看不到山峦的清晰倒影。随着风静浪止，群山的景象又倒映在湖面上。

> 天空中没有云的记忆，湖面上没有波纹的记忆，仿佛留下的只有山水生活中的精神部分。[8]
>
> ——约翰·缪尔

本章思考要点

1. 有两种感觉：平静的感觉和不安的感觉。平静纯粹的感觉比不安或情绪化的感觉更深刻。

2. 平静的心态像一个没有涟漪的湖面，能清楚地反映出我们的生命。

3. 人们会把情绪和平静的感觉混为一谈。情绪是一种自负，自负会将人生经验铸成自己认定的唯一现实。

4. 有偏见的感觉是对心智的损害。当感觉有强烈的偏见时，理性通常会支持这种偏见。

5. 情绪是理解的障碍，而平静的心态则是深刻理解的精髓。平静的感觉是直觉性的。

6. 纯粹的感觉促进清晰的思考，因此科学家应该鼓励感觉的纯粹性，就像他们鼓励思维的清晰性一样。

7. "当心智由爱所净化，由寂静所引领，思考就会变得清晰。"如果你同意这一说法，请解释你的理由。

本章活动： 护林人罗伊的眼睛

在 30 年的时间里，罗伊·辛普森（Roy Simpson）一直是一位全职国家公园护林员和教育工作者，足迹遍布美国和海外。虽然现在他已经退休，而且因为一种并发症双眼几近失明，但是只要有机会，他仍然带孩子们去远足和训练。每次开始徒步之前，罗伊都会问大家：

"你愿意做我的眼睛，告诉我都看到了什么吗？"

"好啊好啊！"孩子们迫不及待地回答。

然后孩子们争先恐后地去周围的大自然里寻找好东西，仔细观察，然后跑回来分享。罗伊对每个孩子描述的细节和诗意之美都惊叹不已。根据孩子们的描述，罗伊会补充一些他个人引人入胜的经验见闻，作为对孩子们的奖励。对孩子们来说，也许最大的奖励是有机会帮助别人——他们帮助了罗伊。

怎么玩这个游戏

要唤醒孩子们深度观察的愿望，把他们分成两人一组，一个孩子睁着眼睛，另一个闭上眼睛。睁着眼睛的孩子要专心观察自然界，用心感受一样东西或者一个特征的内在之美；然后他要把自己的所见说给闭着眼睛的孩子听。这时，闭着眼的孩子试着在心里勾勒出一个画面。

闭眼的孩子听完如果还不大清楚，可以再要求对方讲更多细节。然后他睁开双眼，带着他的玩伴去找到刚才描述的那样东西。之后，两人对换角色。

只要有机会，罗伊·辛普森会继续带着大家做收获满满的大自然远足。多年来，罗伊一直是我们"共享自然"学习班的主持。你可以在 rangerroyexplore.com 网站上找到他。

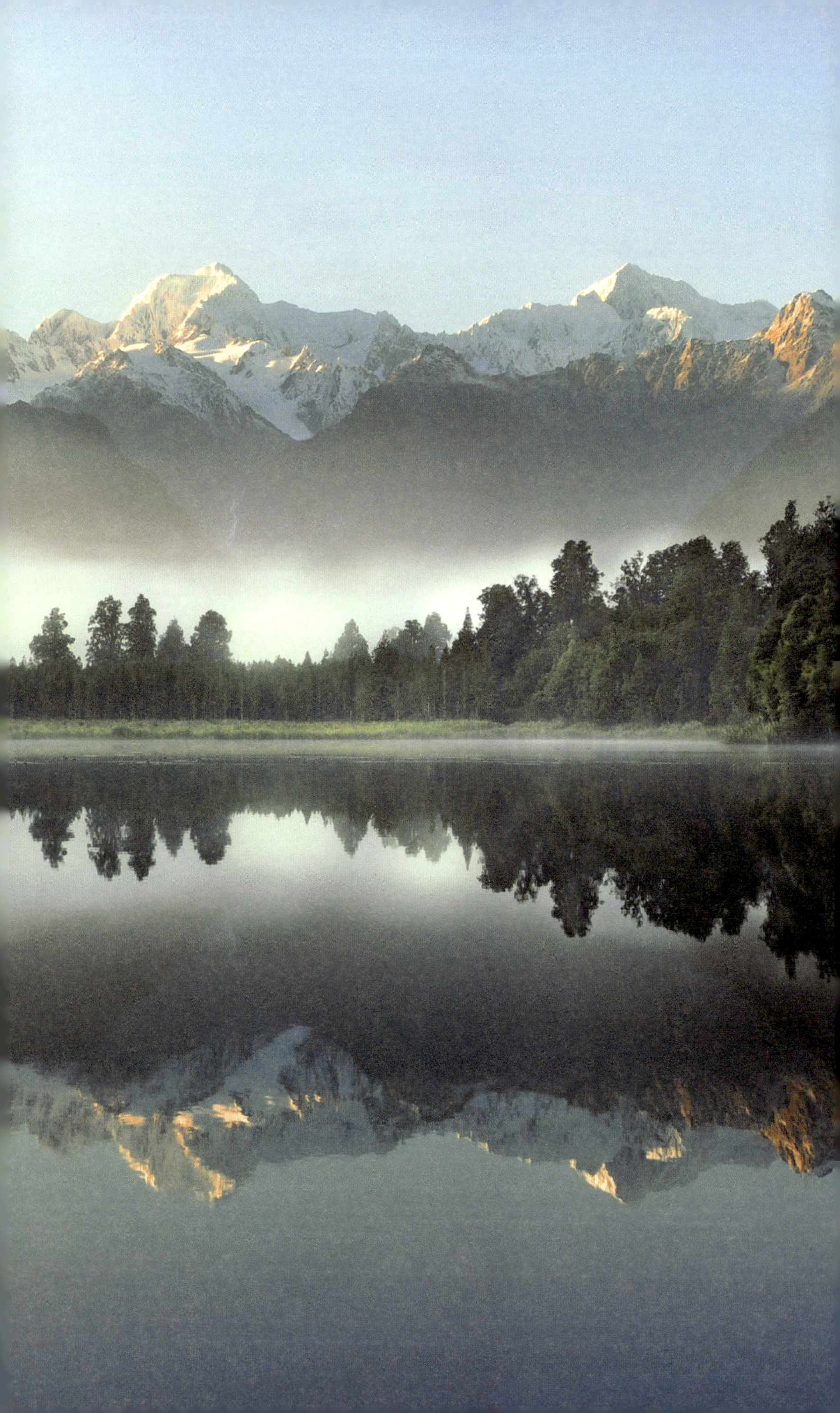

第 3 章

宁静的内心

在《低吟的荒原》(*The Singing Wilderness*)一书中,荒原保护主义者和野外向导西格德·奥尔森(Sigurd Olson)强调了无垠大地的寂静和大自然的屹然不动对我们的影响。

> 那是在黎明之前,在鸟儿啾啾醒来之前的那段寂静时期。湖水轻轻地呼吸,像还在沉睡;……仿佛吸进了……大地所有的声音。这是宁静一刻——没有风吹过树叶的沙沙声,没有水的拍打声,也没有动物或鸟儿的叫声……
>
> 独自站在那里,我感到自己充满活力,比以往任何时候都更清醒,更有海纳百川的心怀……这是一段寂静的时刻,与远古的节奏以及永恒步调一致……此时我可以感受到整个宇宙。[9]

大自然固有的和谐宁静让我们安静下来。一颗静如止水的心能放大我们与生俱来的爱的感受、直觉的愉悦以及与他人交流的愿望。只有在内心既充满活力又宁静安然的时候，激发灵感的自然体验才能悄然开花。米丽亚姆-罗丝·温古纳尔-鲍曼（Miriam-Rose Ungunmerr-Baumann）是澳大利亚原住民的女长老，同时也是一位教师，她把这种兴奋的状态称为"达迪里"（dadirri）："内在的、深入倾听和平静的感悟。"

由内心宁静所激活的心灵感知，是深刻的自然体验之本。沉浸在寂静的明尼苏达州北部和加拿大安大略省西部的旷野中，奥尔森这样表达他用整个生命来体验大自然的兴奋之情——

有一次，我爬上了罗宾逊峰（Robinson Peak）的大山脊去看日落，也想看看下面的湖泊和河流，以及奎蒂科－苏必利尔（Quetico-Superior）荒原上的山丘和谷地。当我到达山顶时，太阳就在地平线上，一个火球准备落入黄昏……

太阳在颤抖……太阳是活的……而且在跳动，当我看着落日，我真能感觉到地球慢慢地自转。这时笼罩着我的是荒原的寂静，只有当没有任何声光干扰的时候，当我们用心灵的耳朵听，用心灵的眼睛看，用我们的整个生命而不是感官去感受和意识，那种天人合一的感觉才会出现。坐在山巅，我想到那句宁静致远的古训。我想，没有宁静就没有认知。[10]

在寂静中，我们是在体验自然的深度和所有微妙的细节。内心的宁静能镇定和升华感觉，我们把意识内在化的结果是达到与自然融为一体的天人合一。

在大自然中找一个安静的去处，在那里感受四周的寂静。听鸟儿歌唱的声音、风吹树叶的声音，还有浪拍海岸的声音。

试着感受在每一种自然界的声音和运动之间及背后一直存在的寂静。在吸气和呼气的时候，体会自己的呼吸。学会享受吸气和呼气之间的自然停顿。感受你自身的平静时刻,有助于你体验存在于内心和周围的寂静。

本章思考要点

1. 一颗静如止水的心能放大我们与生俱来的爱的感受、直觉的愉悦以及与他人交流的愿望。

2. 内心的宁静能镇定和升华感觉,我们把意识内在化的结果是达到与自然融为一体的天人合一。

3. 内在的平静是深刻的自然体验之本。

本章活动：自然在我心里

  我第一次尝试"自然在我心里"的练习是在北加州的比德韦尔公园。我和太太坐在一条幽美的峡谷溪流旁，溪流两旁是茂密的森林。蜉蝣在溪流上起舞，树叶随风摇曳，山涧的落水声响彻峡谷。这个简单的游戏能帮助我们持续清醒地意识到周围生命的存在。

  做完练习，趁着头脑依然平静，感官依然敏锐，我们开始沿着溪边散步。突然，我俩看到浅溪中两个灰棕色的身影在水下穿行：河獭！

  河獭与水中的岩石完美地融合在一起，它们并不容易被看到。有十分钟的工夫，我们看着两个小家伙嬉戏、游玩；而在这段时间里，至少有四十个人从河边走过，他们谁也没看见河獭。如果我们没有做"自然在我心里"的练习，也一样会视而不见。

心理学家发现，我们头脑里每分钟有几百个自说自话的念头闪过。"自然在我心里"的练习有助于让焦虑的内心安静下来，从而更容易发现生命之美。

怎么做这个练习

在户外找一个景色迷人的地方，比如开满鲜花的草地或者森林空地。坐下来（或站立），将双手掌心向下，轻轻放在大腿上。

在这个练习中，寻找能吸引你的自然现象：例如，一棵树的树皮纹理，一大片在风中摇曳的花田，或森林深处的鸟叫。不去想你所看到或注意到的东西，只是让意识从一个观察点流向另一个观察点。

每次看到一样事物，就用指尖轻按一下大腿，记下这个观察。这样的计数法有助于把注意力完全集中在观察上。触摸的动作也有助于感觉到我们是和自己的所见融合在一起的。

用两只手的10个手指来记录观察结果，一组10个。从左手的小指开始，数到右手的小指结束。然后再重复。两到三次（20到30次的观察）就可以了。

另一种"自然在我心里"的玩法是聚焦于一个有许多有趣特

征的对象，比如说一棵树或者一块巨石。每做一次观察，都会发现更多细节：也许是轮廓或者形状，也许是颜色或者质地，也许是周围的环境。这个玩法最好把观察次数定在 15 到 20 次。对科学更感兴趣的儿童或成年人往往喜欢这个版本的"自然在我心里"。在游戏之后，大家喜欢在小组里分享各自的发现。

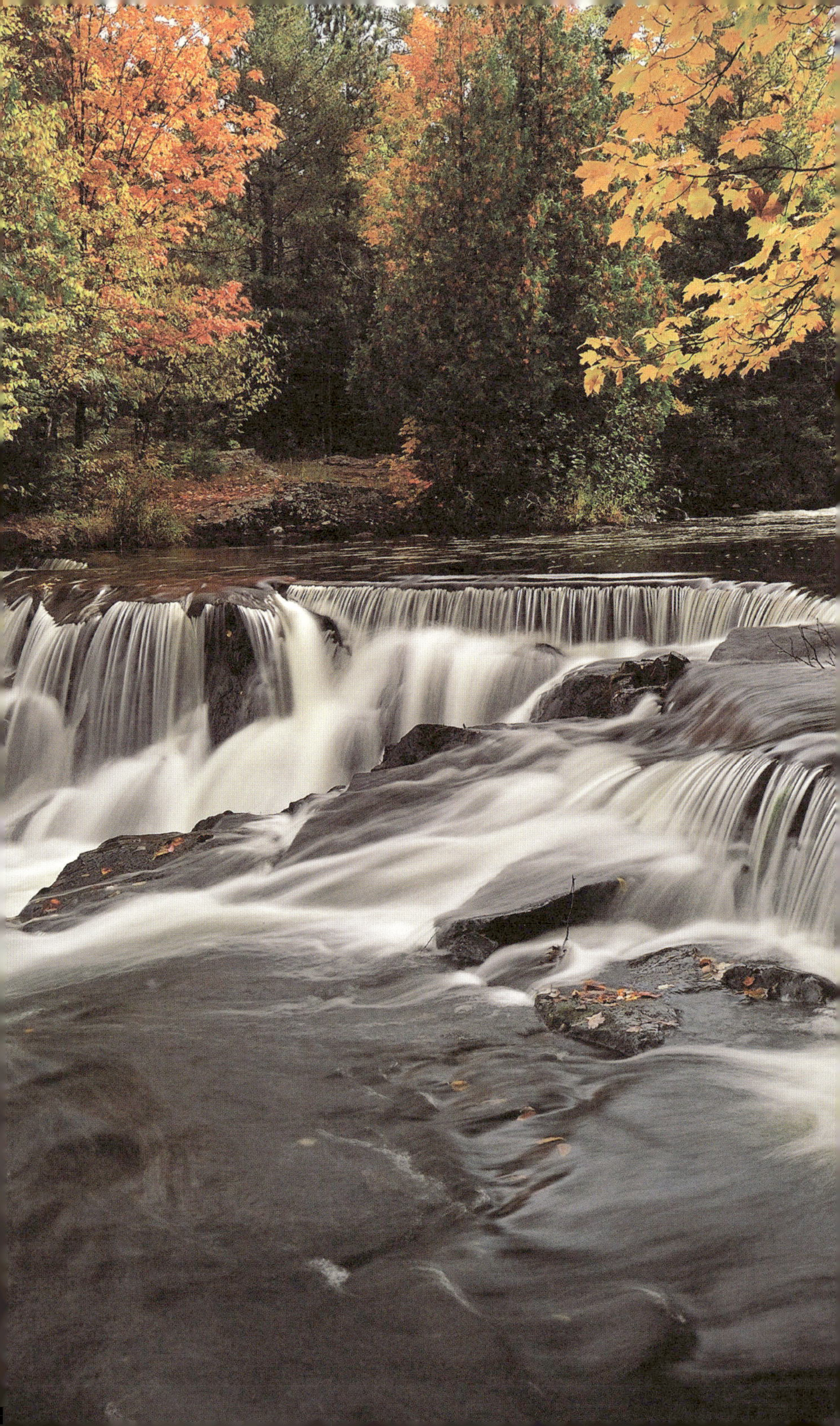

第4章

当下的意识

> 我完全被这条河的美丽和力量征服了。我从来没见过这样的河流——巨大的岩石和水晶般清澈的河水简直让人叹为观止！我完全沉浸在河流中，觉得我就是那条河，除了河，没有任何其他的存在。我听到的、看到的、感受到的，都是这条河。
>
> ——艾莉森·罗曼诺（Allison Romano）

这是艾莉森描述她第一次看到加州尤巴河（Yuba River）的情景，她抓住了完全沉浸在大自然中的感觉。

要了解一条河流，我们必须像河本身一样心无旁骛，不受时间约束。自然体验的秘诀，是活在当下，完全接受并与周围的世界融为一体。沉溺过去或期待未来，都会无视当下纯粹的自然世界。

我曾经在澳大利亚的堪培拉为25个教师学员演示过这一现象。

我要求他们尽可能长时间地专注于一棵孤独的树,一旦注意力从树上移开,转到其他念头上去,就举一下手。结果在六秒钟内,每个人都举起了手。学员们惊讶地发现原来自己是如此心神不宁。

有人问马克·吐温(Mark Twain)是否想去度假,他不无幽默地回答说:"当然好啊,只要我不用带上那个叫马克·吐温的家伙。"像马克·吐温一样,我们出门的时候总是带着那个"家伙"。我们的问题、忧虑和其他精神包袱如影随形,总是跟着我们。被各种想法占据了头脑,使我们无法与周围的世界建立联系。

无论成年人还是青少年,都可以通过参与把握当下的活动来克服自己过度思考的倾向,从而提高每个人的意识感。一项研究对很多冲浪者进行了调查——"为什么会去冲浪?"。48%的人回答,"冲浪帮助我活在当下"。[11]

活在当下可以增强自己的觉察力、和谐感和活力感。为了达到这种喜悦、活在当下的状态,人们经常参与艺术活动或者极限户外运动。

有一种极限运动叫翼装飞行(wingsuit proximity flying)。飞人们穿上翼装,把自己装进身体大小的翅膀服里,两腿之间和手臂下面的蹼状翅膀,和飞鼠的身体结构很相似。当翼装飞人下降时,时速可以达到100到160公里。当他们飞速前进时,经常会在离悬崖峭壁、峡谷滑道或者其他障碍物只有2至3米的地方穿行。以极端的速度前进,翼装飞人几乎没有时间对最轻微的误判作出反应。

有一个对翼装飞行的研究项目叫"你别自视太高",研究人员要王牌飞人们描述一下他在跳下来之前是如何做好心理和身体上的准备的；还有他们坠入空中的一瞬间，在"想什么，感觉什么，看到什么，又专注于什么？"[12]。在这项研究中，所有参与者都选择了化名。

克里斯托弗回答说，在跳跃前，他集中精力使自己的身体和心都平静了下来。另一位飞人说，他会"深呼吸，来感受空气，（解读一下）空气在向哪个方向流动"[13]。所有的飞行行家都强调，完全把握当下并与环境和天气保持高度联结很重要。平克说，飞行的愉悦是"一种非常丰富的体验……让你专注现在，活在当下，忘记人生太多烦恼……我希望每个人都能找到自己在人生体系中的位置"[14]。

与极限运动相比，分享自然的活动更温柔，老少咸宜，但是却同样能实现培养当下意识的目的：惊喜感；看世界的新视角；全神贯注；动觉意识；沉浸式的邂逅体验；引导式想象；深入倾听；娓娓动听的故事；轻松的互动；正念反馈；大自然里的冥思静想，还有心旷神怡的喜悦。

20 世纪 70 年代初，我还是一名年轻的自然学家，我开始直觉地意识到玩耍的重要性，并开始设计以玩为中心的感悟自然游戏。趣味盎然的游戏让人们全神贯注，玩的体验一下子就把我们浸入到自然世界中；而专注于游戏，沉浸于当下，又会点亮对自然的体验。

在内心的宁静中，没有了躁动不安，时间仿佛暂停了一样。杰弗里斯写道，"灵魂没有过去，也没有未来……而现在，是持续不断的"。当沉浸在当下，与此时此刻完美契合，杰弗里斯感觉与周围的林地、山丘和地平线"没有分离"。[15]

同样地，当梭罗平静地坐在小木屋前的台阶上，也享受着一种永恒的感觉：

> 从日出到正午，我坐在松树、山核桃树和漆树中间，沉浸在不受干扰的孤独与宁静之中，凝神沉思。鸟儿在四周唱歌，或默不作声地飞过我的屋子。直到太阳从我的西窗落下，或者远处公路传来旅行车的辚辚声，我才意识到时间在流逝。

我在这样的季节中生长，就像玉米在夜间生长一样……这样做没有占用我生命中的时间，而是拓展了我生命的长度和宽度。我明白了东方人所言的沉思的含义了……大体上是，虚度岁月，我不在乎……刚才还是黎明，你瞧，现在已经是夜晚……我没有像鸟儿一般歌唱，我只是对绵长幸福感到深深的喜悦。麻雀在我门前的山核桃树上，唧啾地叫着，我也轻声地笑着，或浅唱低吟……在我的同胞眼中，这纯粹是无所事事；可是，如果用飞鸟和繁花的标准来评价，我想我是毫无缺点的。[16]

一个人如何获得内心的平静？唯有把心从自我主义中解放出来。自我羁绊会让情绪烦躁不安，让逻辑含糊不清。尤其是成年人，会透过多重滤镜来看待生命，比如个人的偏好（喜欢和不喜欢）、自我编创的故事和自我定义，以及过去的记忆，所有这些都

会妨碍对生命的直接感知。

为了说明率性和摆脱旧习的重要性,自然学家史蒂夫讲了一个他自己的有趣故事:

> 一天早上,我带着一个班的小孩子去远足。我们来到小溪叉口,我像往常一样指给孩子们看小龙虾的洞。我迫不及待地说,"让我们跪下来,看看谁住在岸边的这些洞里啊!"居然没有一个孩子回应我。我自己一边跪着,一边瞥了一眼我的身后,看到他们仍然站着,于是我更热情地说,"让我们都蹲下来仔细看看——这些是小龙虾的房子!"孩子们仍然没有任何反应。
>
> 因为孩子们都挤得很近,而我是跪在地上的,所以我只能看到他们的下半身。当我转过身来的时候,我看到所有的孩子都一动不动,脸朝上,聚精会神地盯着一只栖息在我们上方六英尺高的树枝上的大猫头鹰。
>
> 我习惯了给孩子们看那些小龙虾洞,以致完全没有注意到猫头鹰。由此我学会了不拘泥于预先的计划,要像孩子一样多多关注我们周围、当下正在发生的事情。深度游戏的本质就在于培养好奇心、开放性、创造力、求知欲,让孩子们精力充沛、热情高涨地去学习,因此成为打破习惯模式和传统思维的非凡工具。

本章思考要点

1. 什么样的自我专注使你无法融汇到周围世界中去?

2. 自然体验的秘诀,是活在当下,完全接受并与周围的世界融为一体。沉溺过去或期待未来,会无视当下纯粹的自然世界。

3. 一个人如何能获得内心的平静?唯有把心从自我主义中解放出来。自我羁绊会让情绪烦躁不安,让逻辑含糊不清。

4. 人们通过参与把握当下的活动来克服自己过度思考的倾向。

5. 你有什么让自己平静下来的好办法?

6. 活在当下可以增强自己的觉察力、和谐感和活力感。在永恒的当下,我们看到的一切都是神圣的。

7. 分享自然活动,培养当下的意识。当全神贯注于趣味盎然的游戏,我们会一下子融入自然世界中。

本章活动：心如止水，心明如镜

　　一位圣人曾经要求他的弟子，每当看到一片广阔的水域，就要停下来冥想，这样他就会想起自己灵魂的浩瀚。做"心如止水"的练习，在小溪或池塘中找一块平静的水面。池塘最好小一点，能给你一种亲密又宁静的感觉。

　　池塘至少应该有20厘米深。捡来六块鸭蛋大小的石子。如果水面比较小，就按比例捡小一点的石子。

　　水面就像人的心神一样，总在变化。有时水面平静安详；有时微风、落叶或一条跃出水面的鱼都会激起涟漪。平静的水面总是会受到外部的干扰。冥想可以强化大脑，因此不受过往现象的干扰，就像深层的水无论表面发生什么都能保持平静一样。

怎么做这个练习

开始这个练习时，找一个可以俯瞰水面的地方坐下来。把捡来的六块石子放在手边，凝视着水面，让波澜不兴的止水使自己也平静下来。竭力停留在当下。

一旦感觉到自己心烦意乱，此时此地不再心平气和的时候，就往水里投一块石子。仔细观察每一块石子带来的水花飞溅和随后向外扩散的波纹，观察水（代表你的心神）是如何受到干扰、水面不再像镜子一样的。注意不集中的念头对自己意识的影响。

冥想时有一个个念头闪过是正常的。秘诀就是让念头飘过去，别想着去抓住或者修饰。当石子激起的波纹开始消散时，你会感到自己放下了所有念头，享受生活在当下所带来的喜悦和宁静。

一直这样盯着水看，直到你扔掉了手边所有的石子。

安宁和意识需要心灵的宁静，就像水面必须完全平静才能完美地倒映出天空一样。只有在宁静中，我们才能发现隐藏在心灵深处的精神本性。

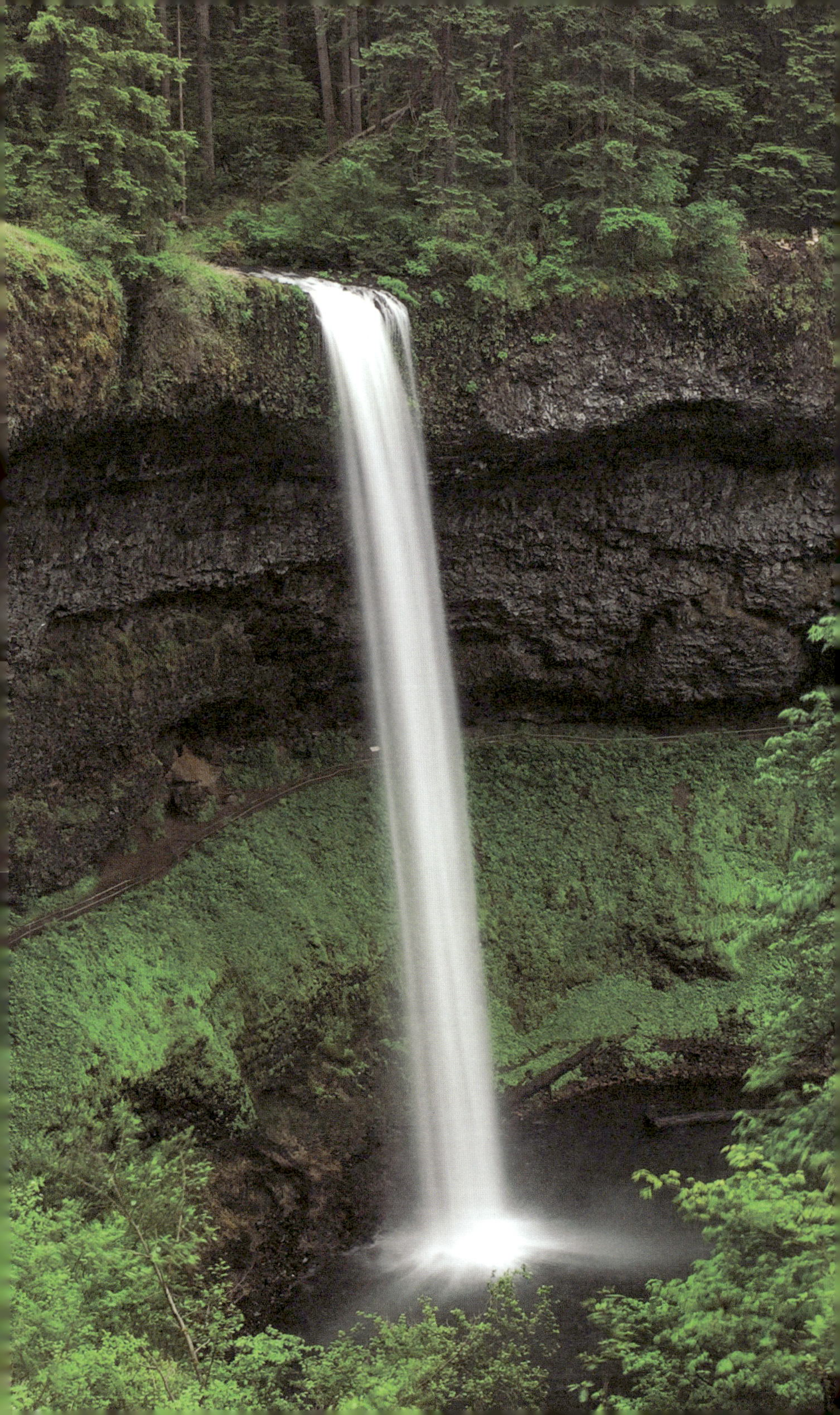

第 5 章

心流

  为了生存和繁衍的最优化,哺乳动物和鸟类会利用两种不同的注意力:细节和全局。比如,在许多鸟类中,每个大脑半球都只使用一种类型的注意力:左脑专注于细节,右脑则侧重把握全局。鸟雀的右眼与脑左半球相连,用来完成精准的任务,例如,从撒在地上的砂砾中挑出种子;左眼与大脑右半球相连,时刻保持警觉。因为左眼更容易注意到天敌,如果一只鸟的右眼先发现有一只鹰,它会转过头来用左眼再检查鹰的情况。

  人类同样也有两种不同的注意力模式。如麦吉尔克里斯特在《大师和他的使者》中所描述的那样:"决意引导、不差毫厘的集中注意力"和"开放、接纳、对外界的发散式洞察力"[17]。第一种模式关注细节,第二种模式放眼全局。

  "行动"和"存在"分别表达了重点关注和全局意识两种状态。"行动"模式有明确的目标导向,让我们专注于做一件事,这种专注带来的是高效。"另一方面,'存在模式'的特点是直接、即时、密切地体验当下。"[18] "存在"的内在品质包括开放性、平和和宁静。真正地在大自然中"存在"会唤醒我们的谦和、悲悯和感激之心。

小孩子是自然而然地就生活在当下的。一天早上,我看到朋友卡罗尔带着她的小女儿朱莉娅在我家附近的小路上快走。小朱莉娅只有三岁,她想停下来,看看路边的漂亮东西。但是妈妈卡罗尔似乎很着急,因为她一再转身,催促朱莉娅快点走。

接下来的星期六,我又看到卡罗尔和朱莉娅出来散步。这一次,朱莉娅走在前面,妈妈跟在后面。有时候朱莉娅停下来捡一片树叶或者小石子,卡罗尔也停下来和她一起欣赏。她俩慢悠悠地走路,仿佛世界上所有的时间都是她们的。一个成年人如此充满爱心地鼓励孩子热爱大自然,这简直是世界上最美的事情。

几天后我见到卡罗尔,特意告诉她,星期六看到她和朱莉娅一起散步让我多感动。我提起与前一次早晨大不相同,当时她们正急匆匆赶路。卡罗尔说:"哦,你第一次看到我们的时候,我们

正在'与时间赛跑'。朱莉娅上幼儿园快迟到了,可她一点儿不明白时间概念,完全想不出有理由要赶时间。"

"我多希望朱莉娅能一直优游不迫地生活,一直有欣赏万物的能力,所以周六上午的散步,就是'去走路'。我们去朱莉娅想去的地方,我们捡树叶,看小虫子,尽可能地享受朱莉娅喜欢的自然。"

当我们渐渐长大,我们应该尽可能地靠近生命之源。就像高山上的积雪滋润了山间草甸,让各种植物茂盛生长一样,我们右脑的敏锐洞察力启迪了左脑,并激活了左脑对世界的解读。植物要在高山区短暂的夏季里茁壮成长,就必须依靠来自更高海拔地区的持续融雪。同样,真正的艺术灵感、深刻的思想和真正的创新,都来源于更高层次的直觉和更广阔的意识。

创造直觉的心流

瑜伽大师斯瓦米·克里阿南达(Swami Kriyananda)在《生命教育》(Education for Life)中写道:"真正的伟大一定是关注现实的,而教育者却常常从书本中获得现实的知识和信仰体系……教育首先必须是经验性的,而不仅仅是理论性的。"[19]在另一部著作中,克里阿南达解释说:"理性知识……不是基于直接的经验,因此并不能触动我们的内心。理性知识只是关于其他人的思想、观点和经验。"[20]

爱因斯坦在探索宇宙规律的时候，会让自己处于虚怀若谷的直觉意识状态，他曾写道："我很少用语言来思考。"[21] 他没有使用数学方程式和语言，而是用图像、想象、感觉和音乐的架构来思考。爱因斯坦首先凭直觉工作，第二步才加入逻辑。

需要直觉灵感的时候，爱因斯坦就去泛舟或者拉小提琴、弹钢琴。一天深夜，爱因斯坦的工作陷入僵局，他走进厨房开始拉小提琴。完全沉浸在音乐中之后，他突然灵光乍现，高兴地喊道："我明白了！"他回到书房，这时他的解决方案在脑海中已经清晰可见。

可以说，爱因斯坦是用他的想象力发现了宇宙的规律。1905年，他的五篇颠覆性科学论文从根本上改变了我们看待宇宙的方式。而在这五篇论文中，爱因斯坦没有加一个脚注，没有任何引文。他的发现是直观的，因此才是崭新的。一位现代物理学家承认，如果爱因斯坦现如今提交这样的论文，会因为缺乏引经据典的参考文献而被直接扔进垃圾桶里。

真正的直觉有一种合理、完美感。爱因斯坦说："如果我对事物的和谐没有绝对的信仰，这三十年就不会一直孜孜以求地寻找数学的表达公式。"[22] 曾有两次科学考察，通过在日食期间测量太阳后面恒星的位置来检验他的相对论。两次考察都得出结论，太阳的引力确实弯曲了星光的路径，改变了恒星的表观位置，扭曲了时空，从而证实了广义相对论。爱因斯坦自信地说："我确信实

验的结果会证实我的假设。我毫不惊讶1919年5月29日的日食会证实我的直觉。如果证明我错了，我倒会惊讶。"[23]

"不可言喻"（ineffable）的意思是超出我们的语言能形容的范围。深刻的自然体验太过精妙，超出了理性能够充分传达的界限。定义永远不能代替被定义的事物。哲学家亨利·伯格森（Henri Bergson）说，真正的认识是通过"把我们自己运送到一个物体的内部"，来发现它的"不可言喻的本质"[24]。平静、内化的感觉将生命的力量和意识自然地凝聚到内心，这样我们的心就与万物的心连接起来了。

运动与变化需要能量

物质都是有惰性的。由于这种惰性，物质总是抵制运动、耗力或者变化。但如果物质是流体,我们就不会遇到惰性的障碍和问题。

1815年左右的美国,"道路都是坑坑洼洼的土路,到雨雪天就几乎无法通行"。"从美国港口往内陆50公里"的运输成本等同于运送"同样的货物横渡大西洋"[25]——5000公里的旅程。19世纪初运河的建设如火如荼,因为通过内河运输货物的成本能降低95%。比起充满惰性的土路,水更具流动性。1匹马在运河的驳船上能拖曳40匹马在陆地上所能装载的货物。[26]

爱因斯坦的质能方程式 $E=mc^2$(E代表能量,m代表质量,c代表光速)证明,在适当条件下,物质和能量是可以互换的。"相变"是一个科学术语,指的是物质从一种状态转变为另一种状态,例如从固体转变为液体。物质从固体变为液体,或从液体变为气体,需要能量;没有能量,任何东西都不会改变或移动。

对学生的发蒙启蔽同样需要能量。先入为主的观念、过往的记忆、情绪和由来已久的生活方式等,都会抑制学生接受新的信念和行为的能力。我们在第一章讨论过,大脑右半球的思维模式是开放的、自发的和流动性的,由此激发我们去学习新事物,展现高尚的人格品质,并且在把握整体的同时又能洞幽察微。

爱默生说:"世界属于朝气蓬勃的人。"[27]"心流学习法"就是激发能量和灵感流动的教学法。通过心流学习法的四个阶段,我们成为与自然契合相连的一部分。

通过打造一系列循序渐进的有趣活动,心流学习法将游戏提升到深度游戏,从而消除了我们与自然世界之间的隔膜。正因为心流学习法的学员们全神贯注于课堂的主题，他们可以体验到更大的目的性、专注性、开放性和深度的理解——这些正是真知实学所必需的要素。

思维、情感和行为都更上一层楼

约翰是德国的一位专业林务员，他向我描述过他与森林关系的深刻变化："以前因为我的职业训练，我一直把树木看作商品。但是现在，经历了'共享自然'森林部分的练习，我意识到森林中的一草一木都是我的朋友。对我来说，这是一种认识树木的新方式。这种意识从根本上改变了我与森林的互动。"

约翰参加过几期"共享自然"的工作坊，他想出了很多与树木互动的新办法。首先，他和来自德国各地的林务员一起"打造一棵树"——几个护林人分别表演一棵树的一部分：主根、侧根、木质部、形成层、韧皮部和树皮，并在这个过程中感同身受地体验树木每一部分的性质和功能。

然后，约翰又把自己想象为一棵秋天会落叶的树，经历四季变换。在想象中，约翰自己牢牢植根大地，展开所有的枝叶，从太阳和空气中汲取营养，把空气和光变成生命。他用枝叶在夏天遮天蔽日，又在冬天迎接暖阳，为周围生命创造适宜的生长环境。对树木生存和功能的模仿表演，让约翰亲身体验到树在森林生态系统中的作用，感受到树的诸多高贵品质。通过想象自己像树一样生活，哺育周围的动物和植物，约翰强烈感受到他的守护意识和对大地万物的热爱。当他充当一棵树的角色，滋养身边的生命，他感到生命的能量流经自己的身体，感受到一种非凡的活力、坚韧，和与万物合一的完整感。

工作坊一开始，约翰蒙上双眼去"邂逅一棵树"；通过触觉、嗅觉和听觉，来感受这棵树独一无二的特征。然后，他走回来摘下眼罩，用他所记得树的一切（包括通向树的小路），再次找到他的那棵树。

约翰还"采访"过一棵古树，"你一生都经历过什么呀？"他试图感受这棵树对这个问题的回应，他寻找一些迹象来猜测风雪水火或动物们可能如何塑造了这棵树。他观想这棵树在几个世纪的生命中所见证的或翻天覆地或平淡无奇的事件。

工作坊的一天在歌声中结束。手臂像起舞一样摆动的练习，让约翰和同伴们一起庆祝他们与森林和万物建立起来的亲密关系。

多样化的学习模式增强了约翰的想象力、直觉、理性、同理心和爱心，同时也强化了动觉和感官意识，深化了他对树木的欣赏和理解。"共享自然"练习激活了多个感觉和认知中心点；刺激大脑不同的部分，加强大脑区域之间的神经联系，从而增强理解力、长期记忆力和创造力。

如果你想激励一个人前行，首先要触动他的心灵，因为他的感受会激发他的思想和行动。如果一个人的经验主要是在理智方面，那么他对问题的看法就会更倾向于唯物主义。作为一个训练有素的专业林务员，约翰很了解树木科学，他的科学训练让他（用他自己的话来说）把树仅仅看作是"一件商品"。而有意识的、多层面的练习，点亮了约翰整个人。当他用更生动、更细微的方式来体验森林时，约翰自己也变成了一个更有同理心的人。

专注于心流

在原初的户外意识阶段（pristine outdoor awareness），注意力会自然而然地从一个生动场景流向另一个生动场景，观察者的感官一下子都被激活了，仿佛与被观察的自然世界合为一体。

原初的意识把生命看成是崭新的，生生不息、充满活力；在这种活跃的状态下，观察者很容易接受新的观念、情感和态度。能展现人类更高特质的右脑，处在一种开放、自发、流动而不拘泥的思维状态中。当沉浸在生命之流中时，我们的意识是流动的，不再固化，我们会不断邂逅新奇的领域。一位中国女性在参加完"心流学习法"课程后，兴奋地说道："我感觉自己好像发现了一个新大陆。"

专注于心流；而不是过度关注细节：在《与孩子共享自然》

（*Sharing Nature with Children*）一书中，我一再强调这一核心原则。这一原则可以概括为心流教学法的五大宗旨中的两条：第一是"虚怀若谷地去接受"，就是始终保持专注的意识；第二是"感同身受，先看后说"，就是在试图分析和解释世界之前，先去感受真正的世界，建立和世界的联系。

在第一章中，我们提到南非的那位跨物种交流家温特·沃所恩，她把自己连在生物共振仪上，当与动物直接交流的时候，她的右脑变得活跃起来；当她开始分析交流的结果时，左脑变得更活跃。温特说，如果不首先真正建立与动物的沟通，那么她对互动做出的分析就很可能是不准确甚至是捏造的，她的分析叙述所反映的就是她自己过去的经验和观念，而不是来自动物的真实声音。

当理智远离活生生的现实时，其可靠性就会降低，就像我们都玩过的传声筒游戏中的"消息"。大家排成一行，排在队伍前面的人向他后面的人悄悄说一个选定的短语，以此类推，直到消息传到排在最后的一个人。最后那个家伙要大声重复他认为他听到的消息。结果说出来的往往是让人啼笑皆非的一个怪句子，比如"一只名叫驼鹿的狗在树林中跑来跑去追赶一只鹅"。

与传声筒游戏和许多传统的学习方式相比，心流学习法不断利用体验性活动，让学员们与生命之源——大自然保持联系。尤其是有意识的感官训练活动对实现这一目标大有裨益。

对一个新手司机来说，如果时时刻刻把注意力集中在安全驾驶的所有要素上，一定会一头雾水，完全失去一个好司机自然流畅的轻松驾驶感。惊慌失措的司机可能会不停地提醒自己：我的双手是在方向盘9点和3点的位置吗？记得检查后视镜和侧视镜啊！我开得太慢了吗？我在正确的车道上吗？别忘了打转向灯！

专注于细节会阻断心流，在体验中的得到的喜悦感也会因此烟消云散。

爱因斯坦曾说："创造力就是智慧在找乐子。"创造力也是人类不断提升自己的内在动力。我们左脑的任务是尽量把事物清晰化、具体化、条理化，从而达到拨云见日、易于理解的目的。左脑赋予了我们塑造世界的力量。

当我开始玩观想树的游戏时，要求大家把自己想象成一棵树。我很快注意到，那些对树木生物学一窍不通的人完全无法感受其中的乐趣。他们会问："我的木质部是在韧皮部外面，还是在韧皮部里面？"对树的结构和运作一无所知，让他们无法投身体验。

于是，后来我设计了"打造一棵树"的模仿表演活动，大家一起组成一棵树，每个人分别扮演树的一部分——主根、侧根、木质部、形成层、韧皮部和树皮，这时他们才能完全把自己当成一棵树。

以共享自然这种体验方法传授科学概念，可以增强直觉理解，使学习成为引人入胜、趣味盎然的活动。在活动中，心流学习法的老师要权衡究竟分享多少知识和信息才能获得最佳效果。一方面要确保课程不过于抽象，另一方面又要不拘泥于细节。我们要记住，毕竟"人的理性，也就是强大的分析能力，自然而然地更适用于分析静态对象而非活生生的现实"[28]。

现代社会往往更重视对事实的认知而非直觉的理解。一位弗吉尼亚州的科学家曾对我说，"眼见为实，我不相信任何看不到的东西"。我们大脑的一大特点就是左脑只关注自己所创造的那个虚拟世界。然而大脑研究表明，我们做选择往往不是通过推理过程或者权衡事实，而是"在任何认知过程发挥作用之前，首先对整体做直觉评估"[29]。换句话说，先有大胆的"直觉"，然后再用事实小心求证。

我们内心蕴藏着理性所不可能提供的巨大认知潜力。心流学习法的特长就是与大自然息息相通，建立一种充满活力的联系。体验自然的活动让大家持续地沉浸在这种与自然融为一体的感受之中。

此外，一旦我们学习的兴趣被激发起来，主持人也好，老师也好，要分享的任何概念和事实都会变得栩栩如生。

本章思考要点

1. "行动"和"存在"分别表达了重点关注和全局意识两种状态。"行动"模式有明确的目标导向,让我们专注于做一件事,这种专注带来的是高效。"另一方面,'存在模式'的特点是直接、即时、密切地体验当下。"

2. 爱因斯坦在探索宇宙规律的时候,让自己处于虚怀若谷的直觉意识状态。他首先凭直觉工作,第二步才加入逻辑。

3. "不可言喻"的意思是超出我们的语言能形容的范围。深刻的自然体验太过精妙,超出了理性能够充分传达的界限。

4. 由于惰性,固体物质总是抵制运动、耗力或者变化。但

如果物质是流体，我们就不会遇到惰性的障碍和问题。

5. 当沉浸在生命之流中时，我们的意识是流动的，不再固化，我们会不断邂逅新奇的领域。

6. 物质从固体变为液体，或从液体变为气体，需要能量；没有能量，任何东西都不会改变或移动。对学生的发蒙启蔽同样需要能量。

7. 心流学习法就是激发能量和灵感流动的教学法。通过打造一系列循序渐进的有趣活动，心流学习法将游戏提升到深度游戏，消除了我们与自然世界之间的隔膜。

8. "专注于心流，不过度关注细节"，这是心流学习法的核心原则。

9. 心流学习法的老师要权衡究竟分享多少知识和信息，以获得最佳效益。一方面确保课程不过于抽象，另一方面又要不拘泥于细节。

10. 我们的内心蕴藏着理性不可能提供的巨大认知潜力。心流学习法与大自然息息相通，让大家不断沉浸在这种与自然融为一体的感受之中。心流学习法让自然体验成为我们的老师。

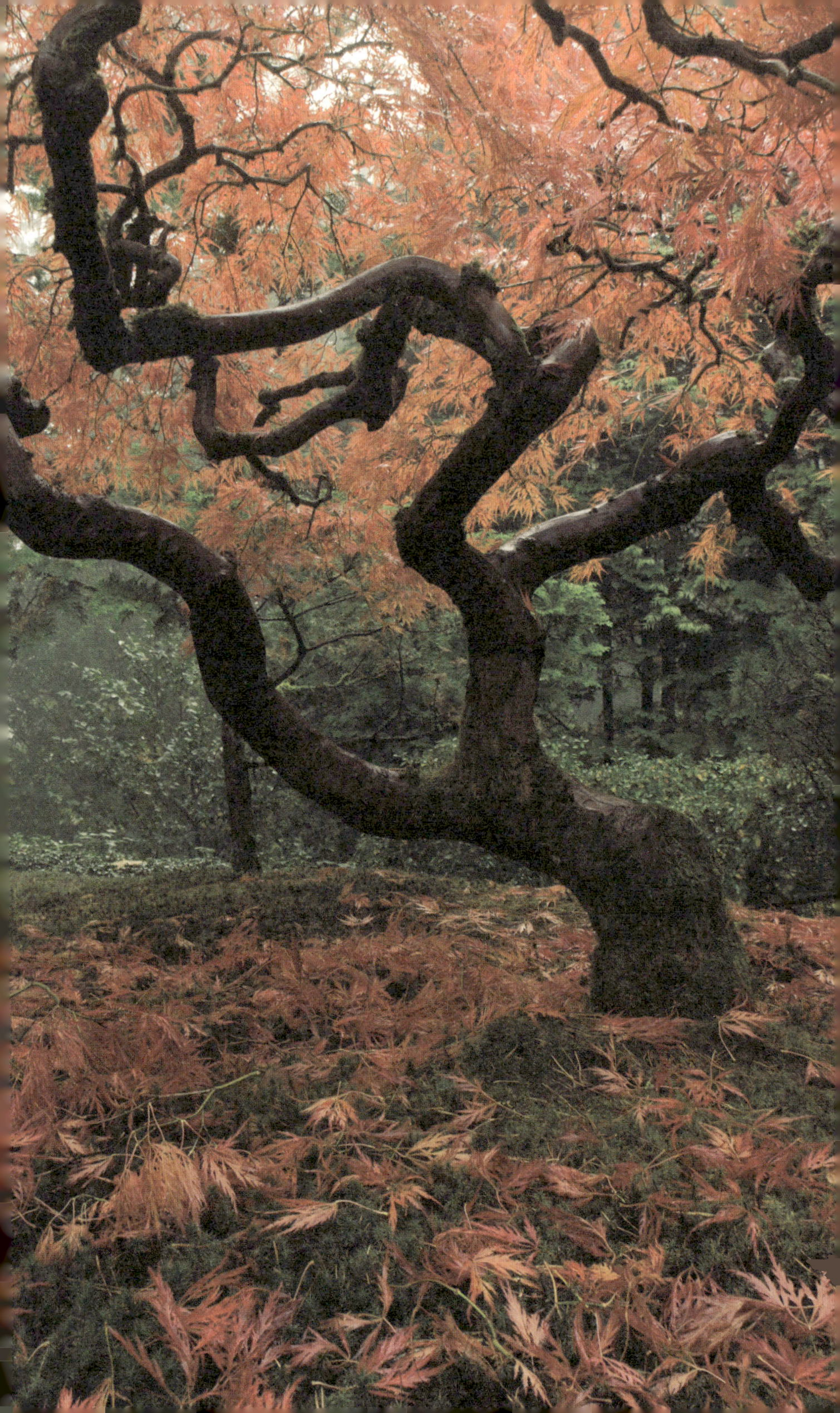

第 6 章

自由改变

  我们大多数人要想促成一种改变,往往都是通过授业解惑、领导团队、组织会议或者讨论来实现,还有就是一对一的专门沟通。但是领导者和老师通常要面对这样的现实:不是所有人都想改变,也不是所有人都会做累进式的思考。

  研究表明,有强烈信念的人,如果新的讯息与自己的信念不符,往往会拒绝吐故纳新。研究还发现,摆事实讲道理,用科学证据甚至感人至深的故事,对改变人们的坚定观点基本上徒劳无功。詹妮弗·欧莱特(Jennifer Ouellette)在《科学美国人》(Scientific American)中写道,改变一个人最有效的方法是改变他的个人认同感(personal identity)。[30]

  最近,我与一位物理学家朋友就"相变"做过一次有趣的讨论。我们得出这样一个令人信服的结论:"物质的能量越多,就会变得越自由;这一点对于改变人们的意识来说,也同样适用。"物

物质的相态

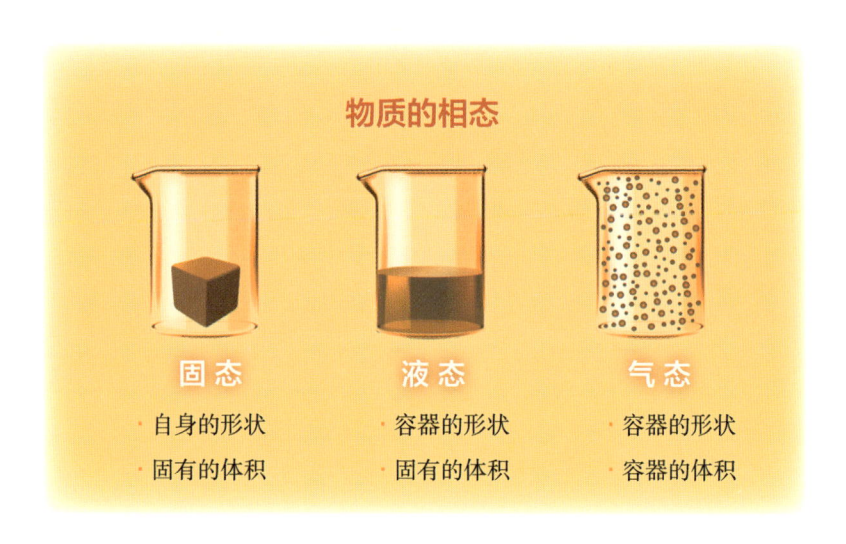

固态
- 自身的形状
- 固有的体积

液态
- 容器的形状
- 固有的体积

气态
- 容器的形状
- 容器的体积

质在每一个相态的属性与人类的意识阶段相互对应。

下一小节我们会提到一个"分子游戏"，参与者在这个游戏里学习物质的每一相态中分子的性质，以及物质的这些相态特征如何反应了人类的意识状态。

要理解分子在固态、液态和气态下的运动，我们要先了解原子之间的相互作用：每个原子的原子核周围都有一团电子围绕，产生一个电磁场。虽然原子被空间隔开，但是会通过电子云产生的电磁场相互接触或影响。

固态

当物质在固态时，分子通过分子间强大的作用力（相邻分子之间的吸引力）相互结合。这些分子紧密地堆积在一起，以有序排列的方式锁定在各自的位置。分子不能离开彼此相对的位置。固体有固定的形状和体积,不能轻易改变。要改变固体,必须加入能量(或热量)。

液态

在液态中,分子的内聚力比在固态中弱。液体分子虽然相互靠近和接触,但是彼此之间有更多的空间,分子能够移动、滑动和流动。微粒的自由运动使液体能充满容器,也就采纳了容器的形状。

由于重力的控制,液体不能上升,相反会流向容器或液面的最低部分。液体有固定的体积。

气态

在气态中,分子力极弱。分子不受重力的支配,能够非常快速地移动,各自扩散。气体粒子有完全的运动自由和独立性。气体没有固定的形状,也没有固定的体积。

引发相变需要能量。

固体分子在原地振动。随着热量的增加,颗粒的振动越来越活跃。如果增加的热量达到足够的强度,分子的振动会战胜保持固体形态的吸引力。分子变为液体,然后可能再变为气体。在气态中,分子挣脱了分子链。

添加或去除足够的热量能改变物质的物理特性。同样地,生命力能量的增加或减少也会显著地改变人类的意识。

液体和气体都是流质,可以流动和移动。固体物质则是惰性的。固体自身的惰性与运动、努力或变化背道而驰。固体物质会保持其原来的形状。

惰性的人,或身体或精神能量很低的人,会故步自封;而流动的人更容易接受新观念和新态度。

本章活动:分子游戏

在这个游戏中,孩子们体验在固态、液态和气态中如何做一个分子。

核心原则: 随着物质体验到更多的能量,它就会变得越来越自由。(液体分子比固体分子更自由;气体分子比液体分子更自由)

告诉参与者: "你将成为一个单独的分子来体验物质的三个状态,以及在每个状态下,分子的固有特性。"

固态:

固体的概述:
- 固体中分子力极为强大。
- 固体中分子紧密地聚集在一起,并锁定就位。
- 大多数固体是晶体。这些分子以一种有序和对称的方式排列。
- 固体的固有形状很难改变。

告诉扮演"固体分子"的参与者:
- 小组排成一个正方形或长方形。比如说,如果有二十五个人,那就排成五行,每行五个人,占满正方形内的空间。
- 每个人都面向前方。
- 用胳膊肘和你左边和右边的人的肘部锁在一起。
- 再把脚也锁在一起,把你的右脚放在你右边人的左脚旁边,把你的左脚放在你左边人的右脚旁边。脚脚相碰。
- 大家现在都锁定在原地。

[开始播放缓慢而庄重的音乐,以表现固体分子的惰性。]

- 固体分子的唯一运动是原子的振动。
- 告诉分子"慢慢振动你的原子"。然后让他们跟着你大声地重复：

"我就是我，我不喜欢改变。"

[启动向液态的变化，老师这时候把一个"热度"标志举到胸前，表示温度升高，同时播放轻快的音乐，表现液体分子的流动性。]

热 度

液态：

液体的概述：
- 液体分子比固体分子振动得更快。
- 这种快速振动削弱了分子间的内聚力。
- 尽管液体分子间的吸引力持续作用，但液体微粒之间有更大的空间，因此分子不会停留在固定的位置上。
- 由于液体分子和分子间相互接触，液体还是会粘在一起流动。
- 因为液体分子内聚力减弱，重力能够决定液体的形状。

告诉扮演"液体分子"的参与者：
- 为了展示液体分子间减弱的结合力，把你的胳膊肘和脚从左右两个邻居那里解开，可以向任意方向转动，但还是要紧握附近两个邻居分子的手。
- 开始在其他分子身边滑行或者流过去。当你滑过邻居身边的时候，松开你的手并立即握住新邻居分子的手。始终保持与其他液体分子有接触。
- 液体分子间的较弱结合力，能让分子们一起移动。

[开始播放象征液体的音乐。]

- 大家作为一个整体，开始一起向山下的最低处流动。（老师指定一个最低点。）
- 让液体分子跟着你大声重复："流啊流，一起流到盆地口。"

[启动向气态的转变，老师这时候把一个"热度"标志举过头顶，同时播放一段更轻快的音乐，表现气体分子的高能量和自由度。]

气态：

气体的概述：
- 气体分子之间的吸引力非常弱。
- 由于气体的快速动能（运动能量），气体分子能从将液体和固体结合在一起的分子间力中挣脱出来。

- 由于密度低,气体分子之间有大量的空隙。
- 气体分子在随机方向上不断快速运动。

告诉扮演"气体分子"的参与者:
- 你的动能太强了,重力和分子间的吸引力无法约束你。
- 你是自由的、充满冒险的,和自发的。
- 你运动迅速,能够和其他气体分子分开扩散。
- 气体分子经常会相遇碰撞和反弹。尽管如此,这不会减慢你的速度。

[开始播放象征气体的音乐。]

- 开始优雅地、轻盈地、发散式地在房间里移动。完全填满周围的空间。
- 手臂向上伸,表示气体膨胀。
- 隐形(或者几乎隐形),使你能够轻松、自由地与其他气体混合。
- 让气体分子跟着你大声重复:"升啊升,大家一起升到屋顶。"

扫码立即获取
"分子游戏"背景音乐

提升人类的意识

如前所述，正像 H_2O 在物质的每个相态（冰、水和蒸汽）会表现出各个阶段的特性一样，人类在不同的意识状态下也会表现出特有的品质：是故步自封的，还是流动、轻盈和发散性的。无论是物质还是我们的意识，能量的增加或减少决定了表现出来的属性。性格稳定、固执的人可能会表现出更多的惰性、僵硬和不易变通等特征；具有流质性格的人可能会表现出更大的适应性和顺其自然等特征；而气质轻盈的人则可能会表现与他人的共同性和亲切感。

气体之间的相似之处多于不同之处。大多数气体是透明的，分子之间有很大的空间，因此能够快速而自由地混合。

物质的各个阶段反映了意识进化的阶段。东方和西方的古典传统都描述了精神如何通过"元素"下降到物质的表现：以太、空气、火、水和土——创世最初的五个元素阶段。反过来，这些元素又描述了灵魂如何向更高级、更精致的意识发展的过程。

克里亚南达写道："以太，或宇宙能量，凝结成银河系气体（'空气'元素），然后

克里亚南达

这些气体又凝结成炽热的恒星。随着炽热物质冷却，它变成熔融物（'水'阶段的表现）。当进一步冷却时，它就变为了固体；它达到了物质表现的第五个，也是最后一个元素阶段，被称为'地球'（或'土'）的阶段。"[31]

空气元素

克里亚南达指出，物质在气态（或空气元素）的时候，一切都感觉是"同质的"，所以"彼此之间的亲和关系……显而易见"[32]。空气元素与能量脊柱里的心脏中心（梵文里的脉轮）对应，爱心也在这里体现。当人的意识是轻盈和宽广的，他的存在、甚至只是简单的举手投足都可以对世界产生深远的影响。长期从事瑜伽训练的尼沙拉·乔伊·德维（Nischala Joy Devi）这样描述：

几年前，我陪我的老师，20世纪杰出的瑜伽大师斯瓦米·萨奇达南达（Swami Satchidananda）在公园里散步。我和另外两个学生走在他身后，我享受着这一天的美景，还有脚下柔软、微湿的草地。我想着会有许许多多的生命生活在我脚下的大地，意识到我的脚步可能会伤害到这些生灵。在我想到这件事的时候，我注意到斯瓦米在迈下一步之前抬起他的脚，他脚下的草又重新抬起头来。回头看看我自己刚刚踩过的草，却是平平的。我好奇地瞥了一眼其他的同伴，他们走过草地时，也和我一样把草地压平了。

我们三人大惑不解地走到斯瓦米身边,问道,"当您走过草地上时,一抬起脚,小草就又站起来了,为什么我们走过的草地却一直平平的?"他的脸上浮现出温柔又虔诚的表情,他把手放在胸口说:"我对大地有敬畏之心,小草也知道。当我在小草身上走过,我觉得是在母亲的怀抱里一样。"[33]

具有轻盈意识的人,会自然而然地与天地万物融合在一起,就像自己是透明的气体一样。约翰·缪尔被塞拉山脉的荒野所吸引,他如痴如醉地写道:"在这里可以真正放飞自我……与和谐万物融为一体。"[34]"我感觉不到身体的存在,只有自由的灵魂在飞翔。"[35]"我轻轻地掠过峡谷……像一阵和蒲公英起舞的风,或者冬天的薄雾。"[36]我们的内在生命与周围众生的生命融合在一起。

大河奔流

由于气体和液体的流动性,它们能匹配任何容器的形状。把水倒进杯子,就是杯子的形状;倒入锅中,就成锅的形状。液体和气体的特性很好地体现了道家的空无概念。正如苏辙在注《道德经》时所说:"旷然无形,颓然无名,充遍万物,而与物无一相似""若似于物,则亦一物矣,而何足大哉?"[37]

具有固执本性的人倾向于认同自己的形式，而拒绝其他形式。从沉浸于自我的这种顽固性转变为海纳百川的流动性需要能量。那么这种提升人类意识的能量是什么，其来源又是什么？

这种微妙的能量比物理能量更能影响我们。事实上，物理能量只是这一基本能量的固体表达形式。这一神奇能量启动万物，我们称之为"生命力"或"普拉那"（prana）。许多文化传统都认识到这种能量的存在，它来自精神，把智慧和意识注入生命的各个方面。中国人称这种能量为"气"；日本人称"元気"（genki）；波利尼西亚人称"玛那"（mana）。针灸、太极、瑜伽冥想和其他传统修炼方法都增加了这种能量在体内的流动。

草和许多其他植物都有中空的茎，微妙的生命之气在其中流动；脊椎动物（哺乳动物、鸟类、爬行动物和鱼类）有骨架和脊柱容纳中枢神经系统，用以传输生命之气。在瑜伽学中，宇宙生命能量从脑后进入身体，然后沿着脊柱下行。脊柱里有能量中心（脉轮），每个脉轮都对应于五种元素之一：土、水、火、空气和以太。土元素的脉轮位于脊柱底部，水元素的脉轮位于骶骨区域，与生殖器官相对，而空气元素的脉轮则位于心脏区域。

瑜伽大师帕拉宏撒·尤迦南达（Paramhansa Yogananda）说，当心如止水般平静，生命气血"普拉那"从心脏流向额头后面的大脑额叶，流到眉毛中间，这是高等智慧的所在。这个大脑区域接受的"普拉那"越多，人的意识和智力就越强。所谓天才就是总有强大的"普拉那"流向大脑。

纯粹的感觉激发清晰的思维。尤迦南达说，当"普拉那"从心脏向上移动到大脑额叶时，理智和感觉就会达到完美平衡。

在内心平静的状态下，我们能看到大自然原始的光辉。对我们来说，颜色变得更灿烂，声音更悦耳，气味更芬芳，所有的生命都变得更精彩。像一泓清水般纯粹的感觉，使我们能够看到世界的真实面貌。珍妮·古道尔（Jane Goodall）说她在坦桑尼亚的黑猩猩研究基地有过这样的感受：

> 雨一直不停地下……我完全失去了时间概念……
> 一个苍白如水的太阳出现了，阳光映照着雨滴，在每一片树叶、每一片草叶上闪闪发光，似乎整个世界都挂满了钻石……

周围的美让我惊呆了,我一定是陷入了一种极度的意识状态……在我看来……自我完全消失了。我和黑猩猩、大地、树木和空气融合在一起,与生命本身的精神和力量融为一体。披着羽毛的家伙们奏起了交响乐,空气中到处是鸟儿的晚歌。我在鸟儿的音乐、虫儿的欢歌中甚至听出了新的频率——音调如此之高,如此之甜,让我不能相信自己的耳朵。我也从未如此深刻地意识到每片叶子的形状和颜色,以及它们完全不同的脉络。[38]

"照相机"是"共享自然"活动中最令人难忘的一个游戏,为参与者提供了体验纯粹意识的珍贵时刻。照相机让心明如镜,内心变为平静的山间湖泊,完美地映照出蓝天。游戏的参与者经常告诉我,即使是五年或更长时间以后,他们仍然能生动地回忆起当初"照片"中的图像。

这个游戏要由两个人玩:一个人是摄影师,另一个是他的照相机。摄影师领着闭着眼睛的照相机,去寻找漂亮动人的照片。看到好玩的东西,摄影师就将镜头对准过去。

当摄影师拍拍照相机的肩膀时,照相机的眼睛就会睁开。三秒钟后,再次拍拍照相机的肩膀,照相机的眼睛会再闭上。这三秒钟的"曝光"时间有着意想不到的强烈影响。

有一次,我去夏威夷拜访一对夫妇,他们有一桩漂亮的大房子,丈夫是个相当物质主义的人——典型的"固执"性格。当我俩坐在房子后面的泳池旁,他用一个软件在手机上和别人比阔,以确认自己更富有。他从一位教师朋友那里了解到,"共享自然"教学法在全球深受欢迎,成千上万的人和别人分享我们的项目,用他的话来说,但却没有拿到"合理报酬",然后他开始起劲挖苦我,说我制造了一个骗局——让这些人为我免费干活。他甚至说,"天啊!我希望也有这么多人为我免费工作!"显然,他无法理解一个人与他人分享的唯一动机,可能只是这种分享所产生的个人灵感。

下午我们开车去一个海滩,他又开始取笑我要"行骗"了。我们到达后,他的太太提议我们玩照相机游戏。在观察了她扮演的相机角色后,他也准备玩一把。他闭上眼睛,跟在我后面走着,完全沉浸在周围的世界里,柔软的沙子、和煦的微风、阳光、水鸟尖锐的叫声,还有海浪拍打海岸的声音。这让人叹为观止的画面在他的脑海中留下了深刻的印记。

在照相机游戏之后,他的整个态度发生了巨大变化。他不再是那个玩世不恭的商人,而是变成了一个小男孩:渴望,积极,充满了惊奇感。

物质是能量,万物都在振动。固体、液体、气体,甚至不同的意识和思想状态都只是不同频率的振动。就像物质可以转化为更高一层的表现方式一样,人类也可以改变。生命能量的增加能够驱动这样的转变,而能量的增加来自内心宁静与提升的感觉。内在的平静能让理智冷静下来,让意识更敏锐和得到扩展,揭示生命的本质,帮助我们看到生命是神圣的,让我们有一颗博爱的心。共享自然活动是平静内心和赋予我们高尚品质的绝佳工具。

心流式学习的体验活动让参与者沉醉于大自然中。就像是那个夏威夷富商，在邂逅了大自然充满活力的宁静、智慧和快乐之后，他的更高本质显露出来了。

本章思考要点

1. "相变"描述物质如何从一种状态转变为另一种状态。相变也发生在人类意识中。

2. 一个固体的执着的人坚持最初的信仰和态度。流动的人更容易接受新的想法和态度。

3. 对一个坚定的人来说，流动性或与他人"融合"的想法似乎让人难以置信，或令人非常不愉快。

4. 引发相变，需要能量（或热量）。随着物质积聚了越来越多的能量，它会变得越来越自由。

5. 正如 H_2O 可以表达物质每一个阶段（冰、水和蒸汽）的性质一样，人类也能表达不同意识状态的性质：故步自封的，还是流动、轻盈和发散性的。在物质和人类意识中，能量的增加或减少决定了表现出来的属性。

6. 增加或减少热量会显著地改变物质的物理性质。同样，生命活力能量的增加或减少会显著改变人类的意识。

7. 性格坚定的人倾向于认同自己的形式，排斥其他形式。从坚持己见的固定性转变为包容的流动性需要能量。这种被称为"生命力"或"普拉那"的微妙能量，使万物充满活力。

8. 当心如止水般平静，生命气血"普拉那"从心脏流向额头后面的大脑额叶，流到眉毛中间，这是高等智慧的所在。这个大脑区域接受的"普拉那"越多，人的意识和智力就越强。

9. 在内心平静的状态下，我们能看到大自然原始的光辉。对我们来说，颜色变得更灿烂，声音更悦耳，气味更芬芳，所有的生命都变得更精彩。

本章活动：雪橇犬

"雪橇犬"游戏非常适用于成人和青少年，以展示领导才能和彼此合作的原则。

在雪国，没有哪种动物比雪橇犬更热爱奔跑和负重了。但就像人类一样，不是每只雪橇犬都是相同的。一个雪橇犬团队成功的秘密是利用每只狗的优势。有的狗强壮，但不听话；有的狗很听话，但不太自信。

强壮但不听话的拉橇犬要放在离雪橇更近的位置，这个位置最适合它埋头发力，又能紧跟其他狗。

在它们前面的是团队犬。强壮的团队犬尽最大努力唯马首是瞻，它们是推动雪橇的"马达"。而另外一些犬喜欢领头，雪橇的主人要靠他的领头犬听从自己的命令，并在必要时能即时做出决定。领头犬必须既聪明又强壮，能激励雪橇队伍快速前进。

然而，如果领头犬没有转向犬的帮助，将无法带动其他成员。转向犬紧跟在领头犬身后，帮助领队保持稳健步伐，并在必要时帮助队伍转向。

雪橇队成功的另一个必要条件是每只狗都必须全身心参与。偶尔有一只狗跟着队伍一起跑，但却不使劲儿，一看见它身后松松垮垮的拖绳就知道它在滥竽充数了。

这和人类有惊人的相似之处。每个团队有许多不同的角色，每个角色对团队的成功都至关重要。每个人的优点都应该得到尊重，而领导者应该努力将个人放在他们最适合、贡献最大的地方。我们的目标就是各尽所能，让每个人都能最大限度地发挥自己的长处。我们各有所长，不一定每个人都要做领头犬，或者都想做领头犬，但是每个人都可以为团队做杰出贡献。

游戏规则

把一根结实的 5 米长的绳子系在一把带脚轮的办公椅后面。这把椅子就成了雪橇，绳子是拖绳。（你可以为每一只"狗"系一个圈，这样能更容易拉雪橇）选出一人做雪橇主人，他要跪在椅子上，面对靠背（和雪橇拖绳）；我们给他起名皮埃尔。皮埃尔要戴上厚围巾和帽子。

再选出两个人做拉橇犬，他们要站在雪橇前面，在绳子两边。拉橇犬精力充沛，但不太听话。我们为他们起名洛基和黛西。

然后挑选两名队员做团队犬，他们要站在强壮犬前面。团队犬是优秀的追随者，为雪橇队提供马力。他们的名字分别是茉莉和巴迪。

接下来的两名选手要来做转向犬。他们帮助领头犬掌握雪橇队的方向和控制步伐。转向狗要放在团队犬的前面。他们分别叫作公主和公爵。

最后再选择一个人来做领头犬。这只狗很聪明，既能侧耳倾听指挥，又能当机立断做决定。领头犬的名字叫米西。他跑得飞快，能把拖绳拉起来，这样其他雪橇狗就不会互相纠缠在一起。

至此，我们介绍了雪橇队里的每个角色，让大家问问自己："如果我是一只雪橇犬，我的优势在哪里？我的气质性格最适合哪个角色？"以及"我是如何支持雪橇队达到共同目标的？"

准备就绪后，让雪橇犬们拉着皮埃尔在房间或人行道上走上一圈。

雪橇队成员：

- 雪橇驾驶人：皮埃尔
- 团队犬：茉莉和巴迪
- 领头犬：米西
- 拉橇犬：洛基和黛西
- 转向犬：公主和公爵

第 6 章 自由改变

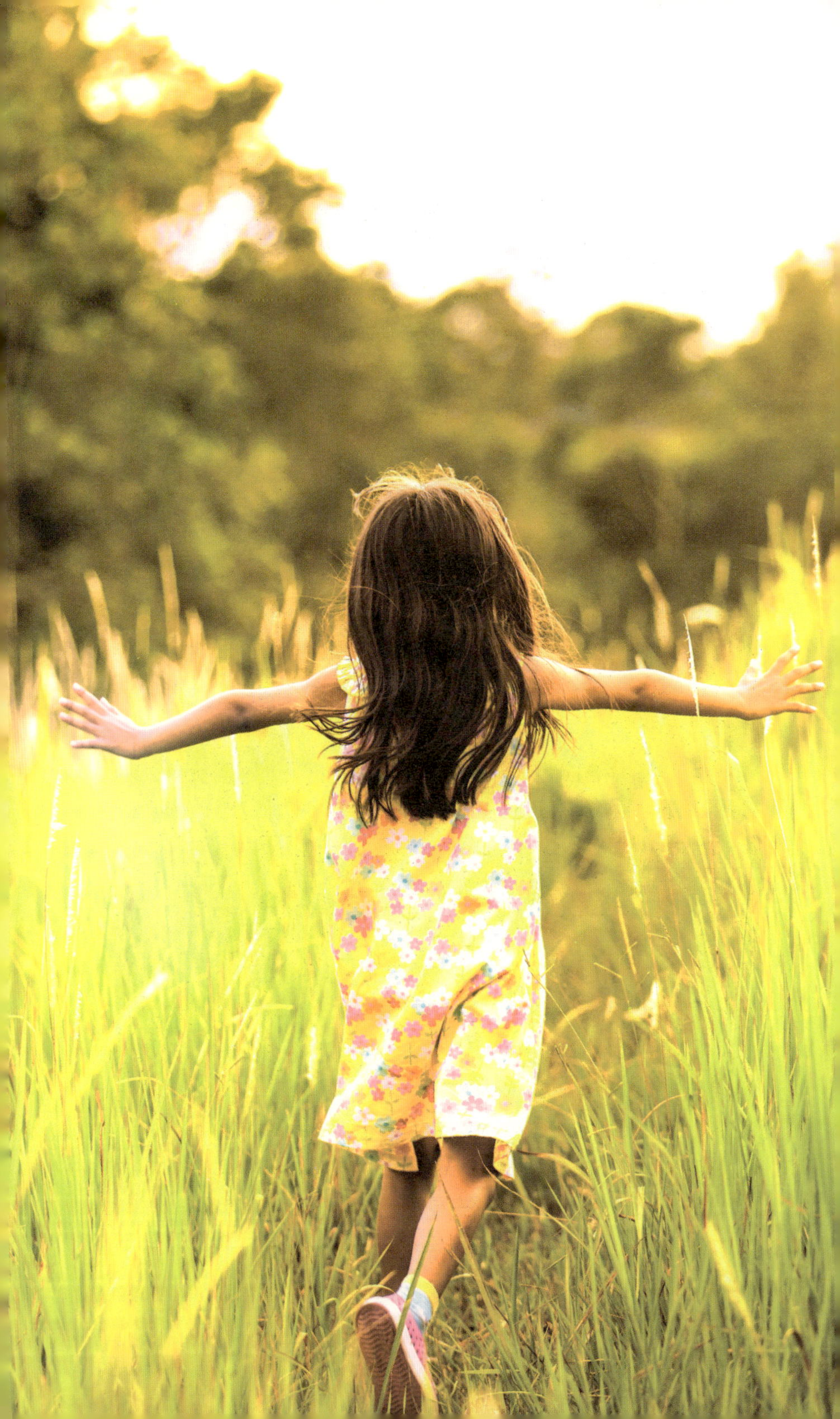

第7章

天人合一

> 只有当（学生）能够将自己的中心与天地万物的中心联系起来，教育才真正开始。[39]
>
> ——玛利亚·蒙台梭利

在巴西，"共享自然"全国协调员丽塔·蒙东沙（Rita Mendonça）曾经在亚马逊森林为专业生态旅游的导游们做培训，他们中的一些人已经在当地工作了40年。丽塔来自圣保罗，导游们起初认为丽塔没什么资格教他们。但在参加了几个体验式的"共享自然"活动后，一位女导游走到丽塔面前，满怀感激地说："你帮我找到了我内心的森林！我们从来没有见识过这样的森林！"

苏东坡说："画竹必先得成竹于胸中。"[40] 8个世纪之后，约翰·缪尔（生于1838年）的感受如出一辙，"神奇的是天人合一。大自然中的一切都与我们相合……太阳不是照在我们身上，而是照在我们心里。河流不是在我们身边流过,而是流过我们的心田。"[41]

理智描述自然,直觉却能吸收自然。当我们的感觉向内向上时,直觉就来了。

"共享自然"里,"我是一座山"游戏能强有力地内化我们的意识。练习的方法是关注吸引到我们眼球的东西,然后在心里仔细体会、感受它的生命。我们观察的东西可以很简单,比如蜉蝣在水面上翩翩起舞。

通过体验自己内心的自然,修炼者往往收获满满。保罗每年夏天都会去阿巴拉契亚山或者太平洋山脊远足。但他只练习"我是一座山"4分钟,就告诉我说:"我能够体验到一种极高的感悟境界,而这种境界我在荒野里要待上一个月才能感受到。"

"我是一座山"游戏要由两个人来玩。一个人做"提示",另

一个人做"回答"。提示者坐在或站在回答者的后面，这样回答问题的人能够有一览无余的视野。为了简单起见，我们称提示者"萨莉"，回答者是"丽莎"。

（站在丽莎身后）萨莉一遍遍地轻声重复"我是……"这句话。每当萨莉说"我是……"的时候，丽莎就在大自然中找一件吸引她的东西——也许是一朵在天空飘过的云，或者是森林中唱歌的风。不管是什么，丽莎要感受这件东西在自己内心真实存在。她要尽情享受当下的这种感觉，然后用一个简单的词或短语描述她正在观察的东西。

下面是一个例子。

（萨莉）：我是……

（丽莎）：漂浮的云……我是……摇曳的树枝……我是……风吹过湖面的欣喜若狂。

几分钟后，提示者可以用"我爱……"或"我感受……"等短语来代替"我是……"——比如说，"我爱……万籁俱寂的感觉""我爱……蓝色的花朵""我感受到……一种美妙的喜悦"。

在大家深度聆听彼此和自然一段时间之后，我总是被提示者和回答者之间那种充满活力的宁静和融洽所打动。

大约5分钟之后，"我是一座山"的学员可以自由转换角色。

克里亚南达曾写道:"理解的秘诀是进入你试图要理解的东西,可以说是从中心向外的凝视,而不是从外围向内窥探……寻找任何事物或任何人的中心,首先要退回自己的中心,从自己的中心出发,把你的感受移情。"[42]

许多著名的发明家、艺术家、作家和荣获诺贝尔奖的科学家都把他们的发明和创造归功于一种能深入主题的能力——通过诸如游戏、运动、仔细观察,与研究对象达到一种共鸣——尤其是通过想象力。

诺贝尔奖获得者芭芭拉·麦克林托克(Barbara McClintock)曾想象自己进入到她在显微镜下研究的玉米基因和染色体中,她的突破性研究彻底改变了分子生物学。麦克林托克把自己的开创性发现归功于"一种对生物有机体的感觉":

> 我研究得越多,这些基因就变得越大,当我真正挽起袖子和它们一起工作时,我仿佛不再置身事外……我成为染色体的一部分……一切都变大了。我……能够看到染色体的内部。更为神奇的是,我真的感到自己和染色体并肩作战,它们都是我的朋友。[43]

纯粹的感觉将人的意识都集中到脊柱,集中到与空气和以太元素相对应的脊柱中心。空气和以太是比其他物质更高层、更精

物质元素

土　水　火　空气　以太

少量普拉那 ←――――→ 多量普拉那

妙的元素。通过这种方式，我们体验到的是来自直觉的认知。

大河奔流和人类脊柱中的生命能量之流有着绝佳的相似之处，两者都是把涓涓细流最后集中成一股强大的力量。密西西比河整个流域的面积占美国大陆面积的41%。在其源头，密西西比河是微不足道的，每秒的流速只有6立方英尺。当一路沿着4000公里的河道，不断有支流加入和汇集到一起后，其流速达到每秒60万立方英尺。当最终进入墨西哥湾时，河水的体积是其发源地的十万倍。类似地，人体也有一个庞大的神经支流系统，将生命能量源源不断地输入脊柱的中央通道。随着生命能量沿着脊柱向上流动，可供提升意识和滋养其他器官的能量急剧增加。这种生命能量的集中，使一个人的身体、思想和精神活跃起来。

以太元素与位于喉咙后面的脊髓中心相对应，是最精妙的元素。它又与空间有关，有虚空的本质。以太是最广泛的元素，无所不在，无形又无界。瑜伽学将以太的特性描述为将意识扩展到身体之外的能力。以太的特征是接近神圣的感觉，深刻的宁静感，和生命本质统一性的包容感。《道德经》说，"埏埴以为器，当其无，有器之用。"就是说中空的地方可放东西，才有器皿的作用。同样地，当我们的意识是包容和宽阔的，我们对他人、对自己、对地球才更"有用"。

老子说，"爱以身为天下，若可托天下。"[44] 在意识里，如果我们能感受到与世界的合二为一，改变世界才会变得毫不费力。

尤迦南达说，只要生命能量仍然被困在身体里，"我们就永远无法真正体验到自我以外的任何东西……只能依靠间接方式，比如感官向大脑报告的它们的印象"[45]。（想想固体分子的固定形状。）而随着心境淡然（宁静）的增加，尤迦南达说，个人的生命能量与宇宙的生命能量相融合，个人的意识与宇宙的意识也相融合。

缪尔写道，"自由的灵魂要游离身外"[46]，"我们的身体……融入大自然，不再为我与自然的界限所扰"[47]。当我们的意识与

身外大千世界融合在一起，这种广袤的意识就成为直觉的智慧。

所谓天人合一就是观察者和被观察的对象合二为一。专注使我们异乎寻常的快乐，因为我们的注意力不再支离破碎而是全心投入；我们摆脱了不安、怀疑、自我禁锢和一切自我的侵扰。在这种真诚和开放中，大自然纯净的爱与和平流入我们体内。沉浸式的自然活动，比如"我是一座山""声音地图""邂逅一棵树""自然在我心里""天地这样感动了我"和"扩大能量圈"，都会逐渐培养我们与自然的合一感和融洽感。

本章活动：大地之窗

惠子是一位四十多岁的日本女性，聪慧又充满感召力。她和我分享了她三十年前做"大地之窗"游戏的一次经历。她曾经是一个很迷茫的孩子,她的同龄人和很多成年人都躲着她。"父母总是批评我,给我施压,强求我做什么都要出类拔萃。他们经常说我不配活着,以至于我开始认为人生真的不值得活下去。我最快乐的时光是在'东京共享自然'的郊游中。在那里,我感到被其他孩子接纳了,和他们在一起很舒服。这些户外活动只是我忧郁生活的短暂喘息。"

没有人会料到惠子有一天在森林里治愈了她的身心。秋阳温暖而明亮,阳光透过枝叶倾泻而下;在树下,干燥的棕色树叶铺满了森林地面。孩子们兴奋地在阳光下互相扔树叶玩。几分钟后,领队问他们:"你们想被埋在树叶下面吗?"

"大地之窗"游戏像挥动的魔法棒一样可以极大地改变我们的视角。静静地躺在厚厚的树叶下,从大地向上凝望着摇曳的树枝和飘过的云朵,我们感到头顶的天空和脚下的大地紧紧相连。惠子这样描述"大地之窗"的体验:

我听到了许多微妙的声音。我看到树叶优雅地飞舞而下,有些树叶轻轻地落在我身上,每一片树叶都发出自己的沙沙声。

我感到一些小生物在我身上移动。我听到一只虫子在我耳边走过。我听到或近或远的声音。

我一下子能听到所有的声音。我忽然意识到,以前我只是选择了一个特定的声音,而屏蔽了所有其他的声音——直到这一刻。我意识到,大千世界如此丰富多彩,处处充满了精妙绝伦的细节。

万物都在呼吸,我们共享着同样的空气。天空中的空气也是地球上所有植物、飞禽走兽，和我们人类呼吸的空气。我觉得自己是大地的一部分，有与万物浑然一体的感觉。

在树叶堆里，我感到温暖、安全、惬意无比。我知道树叶和昆虫都接纳我。

这个世界是如此之美，我从来没有感受到大地闪烁着这样的光辉和仁慈。听到每一种声音都让我兴奋不已。我第一次感受到自己的生命是一份珍贵的礼物。当领队让我们再坐起来的时候，我的内心激动万分，被我刚刚的体验深深地感动了。

"大地之窗"向我展示了真正的世界之美——从那个奇妙的日子开始，我能够随心所欲地进入用心体验的状态。在森林里的那一刻，我感受到了接纳和爱，那种感觉从此再也没有离开过我。就像一座灯塔，森林中的体验引领着我一步步走到今天，帮我把早年的悲伤甩在身后，以喜悦和感恩的心拥抱未来的时光。

> 注意：在玩"大地之窗"的游戏之前，领队要检查环境，确保森林的枯枝落叶层里没有害虫和有毒的植物。选择一个有参天落叶树、地面上有厚厚一层干树叶的地方。让学员躺下，闭上眼睛；然后用树叶盖满他的身体，只把头部留在外面。在他的脸上也围上一圈树叶。然后悄悄走开，让他睁开眼睛。

学员会在相当长时间内一动不动安静地躺着，有时甚至长达20分钟。

本章思考要点

1. 理智描述自然，直觉却能吸收自然。当我们的感觉向内向上时，直觉就来了。

2. 克里亚南达说："理解的秘诀是进入你试图要理解的东西，可以说是从中心向外的凝视，而不是从外围向内窥探。"

3. 纯粹的感觉将人的意识都集中到脊柱和脊柱中心（或脉轮）。

4. 大河奔流和人类脊柱中的生命能量之流有着绝佳的相似之处，两者都是把涓涓细流最后集中成一股强大的力量。这种生命能量的集中，使一个人的身体、思想和精神活跃起来。

5. 尤迦南达说，只要生命能量仍然被困在身体里，"我们就永远无法真正体验到自我以外的任何东西……只能依靠间接方式，比如感官向大脑报告的它们的印象"（想想固体分子的固定形状）。而随着心境淡然（宁静）的增加，尤迦南达说，个人的生命能量与宇宙的生命能量相融合，个人的意识与宇宙的意识也相融合。当我们的意识与身外大千世界融合在一起，这种广袤的意识就成为直觉的智慧。

6. 你是否曾体验过与大千世界"合一"的感觉？如果有的话，那次经历给你怎样的感受？

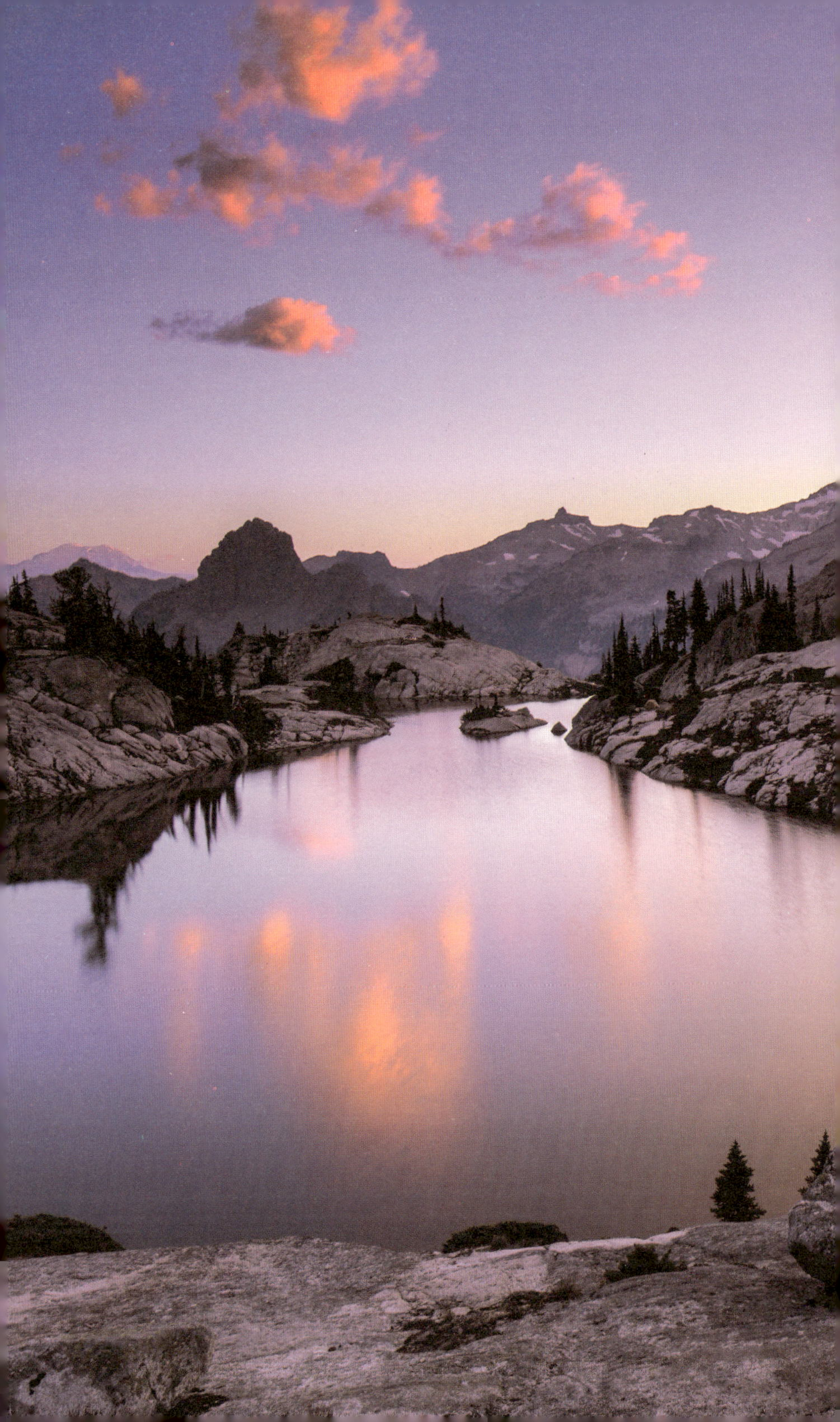

第 8 章

极致和谐

> 对生命的敏感是教育的最高境界。
> ——理伯蒂·海德·贝利（Liberty Hyde Bailey）

19世纪的俄罗斯科学家皮特·克鲁泡特金（Peter Kropotkin）曾经在西伯利亚的东部满怀期盼地寻找进化论"适者生存"的证据。让这位年轻的科学家大为惊讶的是，他发现最成功的动物并不是最有竞争力的动物，而是那些主要通过合作来应对恶劣环境的动物。

克鲁泡特金还发现，在最繁荣的农庄里，农民之间也是相互帮助的。于是，他问道："谁是最适者？那些不断与他人交战的人群，还是相互扶持的人群？"

甘地曾写道："在自然界中，我们所看到的一切多样性背后都有一种本质上的统一。"[48] 我们裸眼看不到这种统一，但是却能感觉到。有一次我去喀斯喀特山脉露营，进入了一片亚高山的山谷，那里铺满了浅浅的小溪和色彩斑斓的野花。我能感到山谷里弥漫的爱是如此触手可及，如此令人激动和流连忘返。

和谐是大自然不可或缺的法则。"人人为我，我为人人。风在飘荡，雨雪霜露在飘落，大地在旋转，都只为一棵紫罗兰能繁衍生息！"[49] "每一个细胞，每一个物质粒子，都需要造物主来引领就位。"[50]（约翰·缪尔）

和谐是高尚意识的升华。我们的意识随着自我认同感的不断成长而提升。几年前，我做过一个梦，捕捉到了这种更高境界的喜悦：

> 我在乡间小路上骑自行车，有一只大猎鹰从天空中俯冲下来，开始在我身边飞行。
>
> 我们对看了一眼，猎鹰微笑着。多么神奇的大鸟！当猎鹰开始加速飞行时，我拼命地蹬车，想赶上这只令人叹为观止的鸟。
>
> 这时猎鹰又笑了，似乎在问："你能再快点吗？"我疯狂地蹬车，花尽所有力气才能勉勉强强跟上它。
>
> 看到我能并肩齐行，猎鹰大幅提高了速度。我忽然感到有一股力量在推着我前行，终于又能和猎鹰并驾齐驱了。
>
> 是猎鹰的强大气场在牵引着我。
>
> 然后，猎鹰腾空而起，我也跟着它向天空升起。

在深夜的沉睡中，我和猎鹰一起在天空翱翔，我从两腿动物变成空中的飞鸟，想起来真让人如醉如痴。

人类的感官只能感知到物质规律。尤迦南达说，"我们必须记住，所有借助实验帮助得来的知识，所有通过显微镜、数学和精细仪器的帮助获得的知识，都是通过我们的（五种）感官而来的。感官和……理智只（揭示）了……关于物质和万物本质百万分之一的真理。"[51] 要体验生命的完整维度，我们必须把意识提升到物质世界之上。

万有引力是将物质吸引到一起的物理作用。维基百科将引力定义为"一种自然现象，指具有质量的物体之间相互吸引的作用"。而在精神层面，引力的表达就是爱。爱是生命中最崇高、最极致的原则。

弗朗西斯·杨赫斯班爵士（Sir Francis Younghusband）是1903年英国拉萨探险队的探险家和领队，他在西藏的荒原中曾深刻体验过神秘的爱。一天晚上，杨赫斯班离开营地，独自进入山区。他在书中写道：

在过去高度紧张的15个月后，我忽然可以放飞我的灵魂。我毫无拘束地敞开心扉，在最敏感的状态下，灵

魂能接受最好的印象……我觉得自己看到了事物的真谛……

我的体验是这样的，我有一种奇怪的感觉，觉得自己爱上了这个世界。我的胸中满溢着要爆发的爱，让我几乎不能自已。在我看来，世界本身就是爱。

在同一本书的同一章中，杨赫斯班写道："我和整个世界都是合拍的，整个世界和我也是一样和谐。"[52]

博爱与亲和力是空气和以太元素的精髓。正如水蒸气会随着全球的气流流动，不断循环的空气因地球的旋转而改变路线，我们如果具有轻盈的意识，也会更容易随更强大的生命力流动。

引力通过改变物体的速度和方向来改变物体的运动；而引力更高层次的表达——爱——能深刻地感动人和其他生物，从而开启合作与协作的新天地。

路德·伯班克（Luther Burbank）是 20 世纪最著名的植物学家之一，曾被称为园艺奇才。伯班克说："改良植物育种的秘诀，除了科学知识外，就是爱。当我做实验要嫁接出'无刺'仙人掌时，我经常和植物交谈，营造出爱的振动场，'别害怕啊，你真的不需要这许多防身刺。我会保护你的'。渐渐地，从沙漠中身披荆棘的植物变出了无刺的品种。"[53]

伯班克的创造力大得惊人。通过嫁接和杂交，他培育出800多种植物。1893年，他出版了引起轰动的《水果和花卉新品种》目录集，囊括了从果树到花卉上百种以前没有的植物品种。美国和欧洲的园艺学家最初认为这本目录是个骗局，因为他们无法想象伯班克一个人能完成如此重任。

伯班克和其他植物育种家使用的科学方法别无二致。他把自己非凡的成功归功于敏锐的眼光、直觉和对植物无微不至、"朋友般"的鼓励、爱和关怀。海伦·凯勒（Helen Keller）在谈到伯班克时写道，"他有最难能可贵的天赋，像孩子一样善于接纳。只有聪明的孩子才能理解花草树木的语言。"[54]

"仰天而笑"和"空中之鸟"是两项激发人们对环境的爱与和谐感的活动。

"空中之鸟"是一首歌，目的是把大家聚在一起，歌唱我们与众生合一。这首歌旋律优美、歌词简洁,伴随我们的优雅动作,将身体、思想和心灵结合起来。

有一次,在台北市政厅的讲座中,我带领 400 位台湾听众一起唱"空中之鸟"。当大家开始用流畅的、像太极武功的动作随歌声起舞时,音乐和舞姿的精妙交融让我激动不已。

这一活动拓展了人们对地球的热爱,培养了大家的整体意识和与万物一体的感觉。当我们表达对大自然的感恩之情时,我们也邀请自然来做回应。很多时候,鸟儿们飞到了附近的树上,兴高采烈地加入了"空中之鸟"的大合唱。

当唱每一句歌词时,我们细细感受其中的意义,并将这些感受投射到我们周围。比如,在唱"树是我的朋友"这一句时,我们感受到与树的亲密关系,同时向大自然献上我们的爱和美意。

空中的鸟是我的兄弟，
所有的花，我的姐妹，
树是我的朋友，

天地万物，
山川与河流，
有我照顾。

因为绿色地球是我们的母亲，
藏在天空之中的是我们的神灵。
我们与芸芸众生共享生命，
我爱每一个人，
我爱每一个人。

"仰天而笑"也能增进我们与自然的极致和谐。我们最好找一个美不胜收的地方来做这个游戏，大自然的美能激发我们追求更高的理想。找一条平坦小径，这样我们会更专心致志，而不必担心走路跌跤。

从内心的微笑开始，我们把笑意传递到脸上和全身，感觉身体的每一个细胞都由衷地散发着幸福。然后把内心的喜悦感投射到整个大自然中，投射到附近的参天大树，投射到绿草如茵的田野，投射到明朗的蓝天中。

当你走路的时候，用你的整个身体微笑，并喜悦地重复如下这句话：

"我就是和平，我就是欢乐。我无所不在。"

积极的肯定是对真理的表达，它唤醒我们对更深的现实的记忆。即使一开始笑得很勉强，也没关系——微笑对你有好处，对别人也有好处。

爱是团结所有生命的普遍性力量。艾内斯·艾斯华伦（Eknath Easwaran）在他的《甘地其人》（*Gandhi the Man*）一书中描述了圣雄甘地对他人生命的深远影响：

甘地曾经说过，越强大的人，越容易接受非暴力的思想。只有弱者才无法理解非暴力。非暴力意味着有能力去爱仇敌，意味着面对最激烈的反对表现出忍耐和理解。

20世纪20年代，在印度的西北边境省，开伯尔山口附近的陡峭山区，出现了一位伟大的民族解放领导人，在他身上鲜明地体现了由弱到强再到非暴力的转变。他就是以"边疆甘地"闻名的阿布杜尔·加法尔汗（Khan Abdul Ghaffar Khan）。加法尔汗所在的边界部族地区一贯奉行的是"以眼还眼，以牙还牙"的律法。他所领导的普什图人是勇敢的民族，当时正无畏地为自由而战，反抗英国的殖民统治。尽管英国军队已经占领了该省，但双方仍在许多山口较量。当圣雄甘地这个时候要去西北边疆时，整个印度都在为他的安全担心……

一群肩上挎着枪的普什图人聚集在一起，一脸疑惑地看着这个只穿着一块腰布的小个子站在他们面前。甘地温和地问他们："你们害怕吗？不然为什么要带枪？"他们只是盯着他，说不出话来，从来没有人敢这样对他们说话。甘地继续说："我不害怕，所以我不带武器……"加法尔汗听罢扔掉了自己的枪。普什图人在他的领导下，成为甘地爱的信念最英勇的追随者[55]。

那些生活在物质意识中的人，也生活在充满两极纷争的世界里，时时刻刻把自己的能量与外界的能量对立起来。牛顿第三运动定律说的就是：作用力与反作用力大小相等、方向相反。当甲物体受到乙物体的作用时，乙物体必定同时受到甲物体对它的反作用。

就像引力让物体之间相互吸引一样，我们人类以自我为中心，

第 8 章 极致和谐

根据对自我的损益来评价所有的生命经验。自我意识的挑战,是生活中充满了其他人的自我——每个人的自我都想要从生活中受益。这样就产生了生命能量间的冲突,向善的生命之流受到了阻碍。然而就像当分子间引力减弱,液态水能更和谐地流动一样,当人们的意识变轻盈时,我们也能与万物一起和谐地流动。

庄子说,心静为止,"夫虚静恬淡寂寞无为者,万物之本也"[56]。克里阿南达说:"直觉是智力和情感都被提升到宁静致远的高度才会出现的感觉。"[57] 只有在宁静中,心中浑然天成的爱才会茁壮成长。由博爱而起的行动才会远离纷争,深入人心,才会持久。

爱有感召力,爱的秘密在于只问付出不加索取,会像磁石一样吸引四面八方的人。爱在哪里,和谐就在哪里。

深度游戏的特征——削弱自我中心的意识,沉浸在当下,沉浸在更深广的感悟之中——平息自我的冲动,让内在的灵魂闪耀。

游戏是一个很好的平衡器。在野生动物世界中,体型大小和种群中的地位差异在游戏中变得微不足道。尼克·詹斯(Nick

Jans）在《黑狼罗密欧》(*A Wolf Called Romeo*)一书中讲述了一只叫罗密欧的野狼的故事。罗密欧在阿拉斯加州首府朱诺的郊区生活了六年，和当地人和睦相处，与他们的狗也成了朋友。长大成年的罗密欧渴望同伴，喜欢和当地的狗狗玩耍。尽管他的体型要比其他狗大很多，但是罗密欧会放下身段，把自己当作一只狗，这样他能融入狗群，和大家玩到一起：

> 大多数的狗狗都与友善的罗密欧和平相处……如果一只狗变得咄咄逼人，罗密欧也不会发飙，反而会收起尾巴，轻巧躲闪，或者突然跳起来，把自己的动作化解为游戏。我们往往会看到一幅怪怪的场景：一头110斤重的黑狼在一群身高几乎不到他一半的串种狗面前摆出一副卑躬屈膝的姿态，还和这些不知好歹的家伙一起玩儿，而罗密欧本可以一巴掌就把它们打趴下。[58]

20世纪90年代初，我曾在德国和波兰边境附近举办过一场3小时的工作坊，与会者背景各异却热情洋溢：40名德国青少年，25名德国教师，还有17名有智力障碍的苏格兰青少年。因为活动地点是在民主德国，会讲英文的德国人寥寥无几，而苏格兰人也不讲德语。

我知道游戏能把大家团结在一起，我就以共享自然的游戏作为开始。果然，体验式的活动立刻把每个人都拉进来了。无论是来自德国还是苏格兰，人人都跨越了语言、年龄和心智的差异而努力沟通，那个场景实在令人感动，人与人之间的隔阂之墙很快就倒塌了。

游戏让我们洋溢着活力。当玩耍时，我们处在最佳状态，由此产生的快乐极具感染力。两国的学员在游戏中达成更高层次的沟通，共同的喜悦感也加强了团队的凝聚力。

心流学习法的第一阶段是"唤醒热情"，在小组里建立起热情融洽的默契感。第二阶段是"培养专注"，在这一阶段参与者做平静放松的活动，以提高感官意识和接受能力。接下来，我向大家介绍"探索大自然之心"的练习，进入心流式学习的"直接体验"阶段。

"探索大自然之心"让学员们有机会沉浸在一处特别的自然场景里——倾听土地的声音，完全走入当地栖息的动植物的生命中。我们发给每个人一本"探险家指南"，列出一些能加强对大自然感知的任务，比如"画出你最喜欢的风景"或者写一首"藏头诗"。

在探访期间，探险家们为各自的宝地起个名字，把名字写在卡片上。随后，他们用这些卡片邀请朋友访问彼此的宝地。

在找自己的宝地时，一个苏格兰小姑娘斯凯掉进了一条小河。大家七手八脚把她捞上来，喧哗兴奋之后，学员们静静地坐回自己的位置上，沉浸在自然和练习之中。看到每个人专注于自己选择的"最佳视角"，全心地体会自然的本质，是一件美妙的事。苏格兰和德国的学员们都如此专注，我觉得自己仿佛是站在一场集体冥想之中。

"探索大自然之心"的活动结束时，大多数苏格兰与德国学员都结成了搭档。看着他们交流自己的发现和艺术创作，我倍感欣慰，我喜欢这种热情又生动的交友态度。这就是触动人心的心流学习法的第四阶段"共享感悟"，至此，参与者彼此之间、参与者与自然之间已经建立起深厚的默契。

上海一位学龄前孩子的妈妈曾告诉我："我女儿常说她能感觉到月亮和整个大自然，我总是不以为然。练习'探索大自然之心'后，我觉得我第一次和女儿联结在一起了。"斯图尔特·布朗（Stuart Brown）写道，"游戏是通往崭新自我的大门，一个与世界和谐共鸣的自我。因为游戏让我们尝试新的行为和观念，把我们从固有的模式中解放出来……这个过程中又萌发出新观念和新生活方式"[59]。

尤迦南达写道，"思想一定是普遍的存在，而非个别的存在；

真理不能被创造，而只能被感知。"[60] 无论我们的意识处于什么水平，我们的思想都会反映它。一个意识轻盈的人，通常表达出统一和谐的思想。

20 世纪 20 年代，西格德·奥尔森（Sigurd Olson）是明尼苏达州北部边界水域独木舟区的一名导游。晚上客人休息以后，西格德经常自己划着独木舟出去，特别是在"晴朗的星光灿烂之夜"。

奥尔森回忆道，"在明月皎皎的夜晚，我会快速地把船划到开阔的湖面上。"他会一直追着那一道月光，"那条通往太空的闪闪发亮的公路"。停下来的时候，他"躺在船上仰面望着星星，感觉灵魂在翱翔。独木舟轻柔地摇晃着……我有一种悬浮在空中的感觉。身体失去了重量，灵魂脱离躯体，在无限的空间中自由飞翔"[61]。

奥尔森还描述过类似的经历，"我意识到与宇宙万物的紧密相连……我的身体和灵魂都被带走了……被带到了另一个世界，远离了我们这个世界的纷争"[62]。

冰和水的物理特性在 H_2O 分子进入气态时就消失了，因为在气态时的低密度，水一下子变得透明甚至人眼完全不可见。同样，当我们进入更高的意识层次时，物质世界的各种挑战和限制也不再起作用。

意识的层次越高，我们的视野也就越广阔。河水在液态的时候被局限在狭窄的河床里，根本看不到远处；水变成气态后，能飘到 7 千米高，能看到 300 公里远的地方。

奥尔森谈到了"在无限空间翱翔的喜悦"，和与"宇宙万物紧密相连"的感觉。在更高的意识中，我们的学习能力不断升级。随着人类意识的扩展，我们仿佛能真的触及宇宙。基督教神秘主义者雅各布·波尔米（Jacob Boehme）写道："我的精神突然能洞悉万物，并且能看透所有的（生物）。""在一刻钟之内，我学到的东西比在大学里很多年还要多"。[63]

心流学习法认识到了高层次意识和深度学习的重要性，是一个引导人们走向自我超越的系统。在自我超越中，我们感受到自然界多样性背后的统一性。

本章思考要点

1. 和谐是高尚意识的升华。我们的意识随着自我认同感的不断成长而提升。

2. "感官和……理智只（揭示）了……关于物质和万物本质百万分之一的真理。"（尤迦南达）体验生命的完整维度，我们必须把意识提升到物质世界之上。

3. 正如水蒸气会随着全球的气流流动，不断循环的空气因地球的旋转而改变路线，我们如果具有轻盈的意识，则更容易随更强大的生命力流动。

4. 爱是团结所有生命的普遍性力量。

5. 只有在宁静中，心中浑然天成的爱才会茁壮成长。由博爱而起的行动才会远离纷争、深入人心，才会持久。

6. 爱有感召力，爱的秘密在于只问付出不加索取，会像磁石一样吸引四面八方的人。爱在哪里，和谐就在哪里。

7. 深度游戏的特征——削弱自我中心的意识，沉浸在当下，沉浸在更深广的感悟之中——平息自我的冲动，让内在的灵魂闪耀。

8. 无论我们的意识处于什么水平，我们的思想都会反映它。一个意识轻盈的人，通常表达出统一和谐的思想。

9. 在更高的意识中，我们的学习能力不断升级。随着人类意识的扩展，我们仿佛能真的触及宇宙。

本章活动：与森林合一

最好是在森林或者城市公园里做这个游戏。

每当我们穿过森林，大自然的恩慈会像阳光一样流入心田。在高耸的松树和无边的橡树下，一个人的思想自然而然变得广袤而和谐。

游戏开始的时候，在两棵树之间找到一个"有魔力"的入口，穿过由两边的树搭起的门廊去森林散步，时刻保持感官的警觉。

- 感受周围树木的存在。
- 眼睛沿着高高的树干一路指向天空。
- 观察大树伸展开来的树枝。
- 聆听鸟儿的声音，聆听树木的声音。
- 感受风在森林中流动。
- 吸气，尽情享受温暖治愈的林地香气。

互利互惠式呼吸

观察四周的大树,树木吸收太阳的光能,产生植物糖,再通过光合作用释放氧气。

一棵平均大小的树每天释放的氧气足以维持四个人的生命。深呼吸,让肺充满森林朋友奉献给我们的生命之氧。我们呼气,是向森林感恩回报,把二氧化碳留给周围的树木。

每一片叶子的背面都有无数小口(气孔),空气通过气孔进出树木。伸出手,轻轻握住一片叶子,把叶子的背面靠近鼻子。吸入叶子释放的氧气,再将二氧化碳吐向叶片。在呼吸的时候,感悟我们与森林的相互联系,以及所有生命之间的互惠关系。

人和树之间的关系是呼吸。我们是彼此的空气。[64]

——玛格丽特·贝茨(Margaret Bates)

成为森林的一部分

在这片森林里,如果你能成为一棵树,你会选择哪种树?

找个适宜的地方站着,闭上你的眼睛,感觉自己牢牢地扎根于大地——高大挺拔、用力向天空生长。

仰起脸,感受阳光的温暖。沐浴在阳光和户外的空气中。

45亿年来,太阳的引力将我们固定在地球上——不近也不远,日复一日传递着阳光和温暖。感受太阳的光芒让整个森林生机盎然。

把自己的身体想象成一片叶子。感受太阳光流入体内,把空气和阳光变为生命。一棵健康的大橡树大概会有 250000 片叶子。张开手臂,想象你是树上所有的叶子——每片叶子都在迎接太阳的光。

凝视周围的树木,看它们如何伸向天空。一棵树的 80% 生活在大气中。一棵树的实质部分不是来自大地,而是来自天空[*]。

观察一棵大树的树干、树枝和树叶。这棵树的质量从何而来?答案是——碳元素,而碳来自空气中的二氧化碳[**]。

聆听森林的声音,近处和远处的声音。

睁开眼睛,看看周围森林中多种多样的生命:树木、花草、飞鸟和岩石。

为了加强我们和树木万物之间庄严神圣的联系,请重复梅丽莎·克里格(Melissa Krige)的《冥想树》中的文字:

> 森林在呼气,我们在吸气。
> 我们在呼气,森林在吸气。
> 在给予中我们接受,在接受中我们给予。[65]

---

[*] 一棵树大约95%的物质(碳)来自空气,另外5%来自土壤中富含营养的水。树木通过光合作用从空气里的二氧化碳中获取碳,并将氧气和少量水分释放到空气中。

[**] 一棵树只有1%是活的。一棵树从它的树干向外生长,从它的枝梢向天空生长。枯木占一棵树质量的99%,为其在天空中长得更高提供物质基础。

当吸气和呼气时，感念我们的呼吸和生命来自周围的树木和森林。

找一片树荫如盖的空地，仰卧在地上，闭上眼睛，背诵"**树的意象**"的诗句：

树根向下，
穿过潮湿的泥土。
向下，向下，
在这里抱着我。

（睁开眼睛，看看这棵大树的树干和树枝。）

我的圆树干，

巨大而苗条，

结实又柔韧，

那是生命的载体。

森林里所有的生物，

都藏身在我的身体里，

或我的身下。

根扎得深，

树枝长得高，

我同时住在土壤和天空两个世界里。

重复两次苏菲派哲人印纳雅·堪（Hazrat Inayat Khan）的感言，享受森林的宁静：

我的心被大自然的静谧所感染，

那屹然不动的宁静。[66]

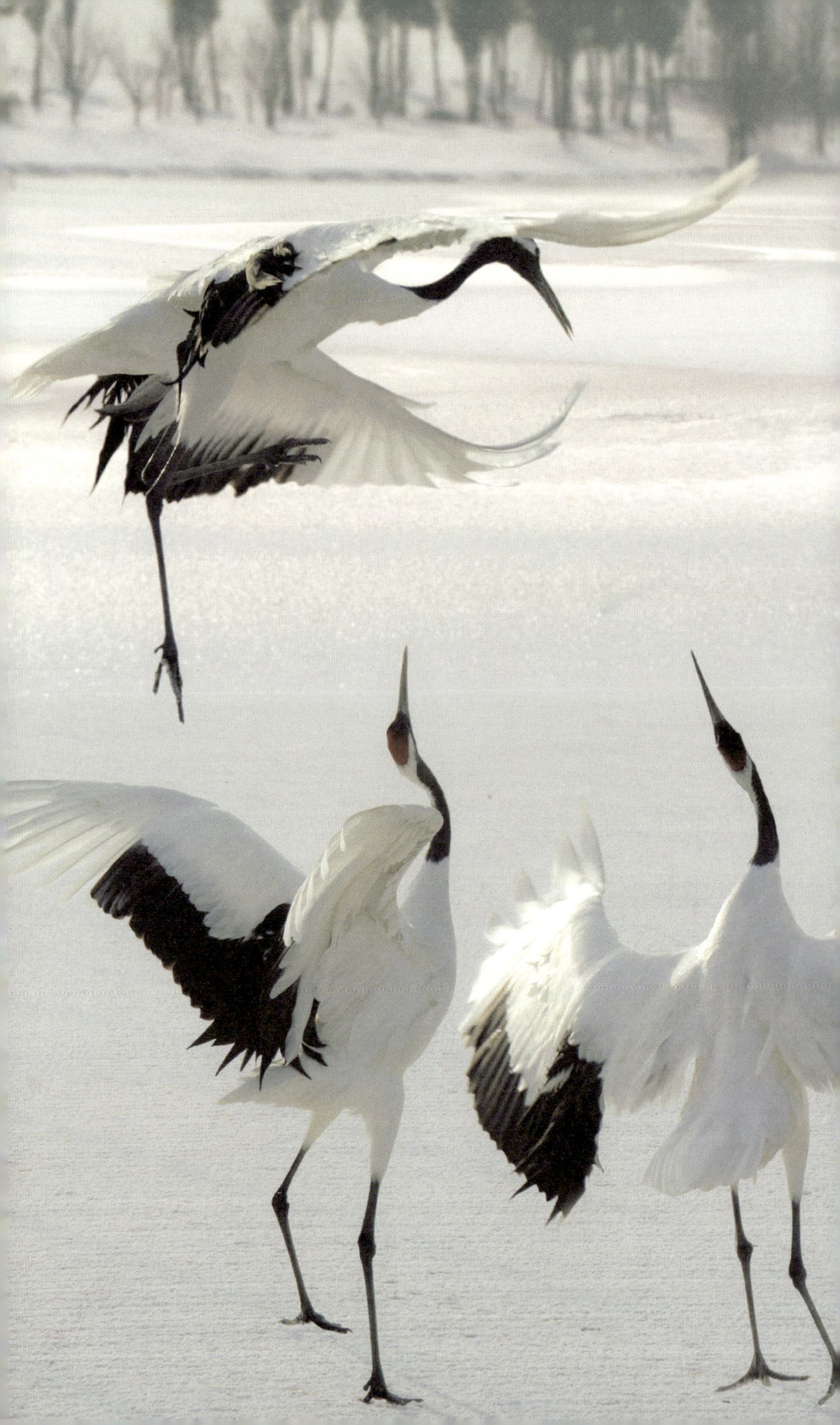

第 9 章

自我掌控

> 人类的掌控能力比过往任何时候都面临着更大的挑战，我们要展示的不是对自然的驾驭，而是对我们自己的掌控。[67]
>
> ——蕾切尔·卡森（Rachel Carson）

几年前，我在新泽西州做巡回演讲，我的主办方托马斯讲述了他的冥想修炼如何帮助他化解了一场迫在眉睫的危机。

托马斯是一个农村学区的督学，下属有 3 所学校和 125 名教师。有一位高中摔跤教练，因为辱骂运动员被托马斯停职了。这位年轻气盛的教练和他的一大家子人都对这个处分极为不满，其中有人威胁托马斯，说要来揍他。

一个星期天，托马斯正独自在学区办公室上班，他看到四辆汽车呼啸着开进停车场，在他的楼前戛然停住。车里出来的都是教练的亲戚，看上去像一群恶狠狠的暴徒。当他们冲进小楼时，托马斯打电话让女儿通知学校保安。在剩下的几秒钟里，托马斯集中精力，等待着风暴的来临。风暴的确来了。这群"不速之客"闯入他的办公室，满脸通红、声嘶力竭地威胁他。托马斯静静地坐着，忍受着他们的暴怒。看到威胁不起作用，他们又劈头盖脸地指责他做了错事，托马斯平静又毫无畏惧地听着他们咆哮。等他们说完之后，冷静地给他们解释了摔跤教练被解职的理由。

在对峙过程中，尽管教练的亲戚不想听托马斯的解释，但却十分佩服他的勇气、冷静和自信。他们都是身强力壮的大汉，之前都更看重体力上的胜出。托马斯展现出来的坚定内心感动了闹

事的人。后来，这些亲戚们说服了摔跤教练痛改前非。接到后者的承诺后，托马斯欣然恢复了他的工作。

内心的定力比躁动、一触即发的爆发力更强大。一个人的内心越强大，就越有能力掌控外在的局势。我的好友彼得发现，由于他多年的深度冥想训练，他的心境淡然，甚至能平静一屋子争吵不休的人。内心的定力会产生极强的感召力，教人从善如流。

约翰·缪尔是美国最有影响力的自然环境保护主义者。罗伯特·安德伍德·约翰逊（Robert Underwood Johnson）是缪尔时代最重要的自然环境保护者，他曾谈到缪尔对当时社会的巨大影响。约翰逊满怀感激地说道："缪尔的著作和激情是'自然环境保护'运动的灵感源泉。他点燃了美国自然环境保护的火炬。"[68]

当缪尔讲述他遇到的野生动物、树木和山地风暴时，他的听众们常常感到身临其境，好像和他一起经历了这次冒险。在聚会或演讲中，缪尔经常提到他和一只名叫斯蒂金的小黑狗在阿拉斯加巨大冰川上的历险。有一次，他们在恶劣的天气里遇到了一处可怕的50英尺宽的大裂缝，其中只有一条可行的路线：一座危险的薄冰桥。

小黑狗斯蒂金意识到缪尔要通过冰桥跨越裂缝，开始不停地咕哝哀叫，像是直截了当地说："你是不是疯了，要去送死！不……不……我绝不去那里！"

大家听缪尔的故事入了神，迫不及待地想知道结果究竟如何。就连聚会的服务生和门卫都会躲在窗帘后面，甚至钻到桌子底下，这样才能留在房间里，继续听斯蒂金的命运。（你可以在第171页

附录中读到缪尔和斯蒂金史诗般的旅程）

美国作家彼得·布朗·霍夫迈斯特（Peter Brown Hoffmeister）曾写道，核磁共振扫描显示，在讲故事的过程中，讲述者和听众的大脑活动变得同步。"当讲述者的额叶皮层亮起来的时候，所有听众的额叶皮层也会被点亮。基本上，听众和讲述者体验故事的神经系统方式完全相同。一个故事就是一种大脑的共享体验。因此，当听完一个引人入胜的故事后，有人说'就像身临其境一样'，那是因为他/她的大脑确实在那里。"[69]

正如优秀的故事讲述者有能力把听众带入他们的世界一样，高意识的人也同样能把听众带入更美丽的世界。对于心流学习法的老师来说，一种有感染力、快乐、令人振奋的吸引力是必不可少的。

心流学习法培养更高的人性品质

心流学习法的四个阶段是提升学员的活力、投入、友善宽容的态度以及与其他学员和谐融洽的关系。通过在自然中平心静气的体验，学员发现他们的感官和知觉更加敏锐，头脑平静下来，他们的接受能力加强了，他们的认知因被唤醒的直觉智慧而更加丰富。

在日本北海道的冬季共享自然工作坊中，一个八岁的男孩静静地坐着，专心地写着一首诗，周围厚厚的雪片从天空飘落下来。

男孩子如此专注，没有注意到寒冷和在他周围堆积起来的落雪。雪越下越大，盖住了他的双腿，然后又盖住了他的腰部，但男孩仍然一动不动地坐着。而其他人早就进了暖和的大帐篷里。我知道别人都在等我们，就问男孩诗写完了吗，他回答说："还没有。"接着又沉浸到写作中去了。

通过心流式学习，学员们都能像雪地的这个男孩子一样，达到一种高度专注、沉静于心，与大自然合为一体的境界。这个男孩身上体现的就是心理学中"内在动机"的概念：行为动机由人内心产生的满足感所驱动。与之相反的是"外在动机"，由外部奖励驱动，比如渴望赚到钱或者考试获得高分。

我们常规的教育实践，尽管也很重视内在动机，但研究发现，这种内在动机并不容易被唤醒，在学习中也难以为继。与此形成鲜明对比的是，学员经过"心流学习法"，会和从前判若两人。他们往往表现出极高的持续兴趣和投入。内在的满足感越大，动机也越大。

2018年有一项题为《心流学习法与意识能量的共鸣》(*Flow Learning's Resonance with Conscious Energy*)[70]的研究，证明了心流学习法提升意识感悟的能力。在5次心流学习法工作坊前后，该研究测量了 112 名学员的血压、心率、脑电波和其他指标；并通过问卷调查来评估学员的注意力和观察力、心静程度、意识水平以及与自然联结的能力。台湾师范大学的前博士生和研究员、阳明山国家公园的高管萧淑碧博士在她的中文研究报告中引用了许多显著的成果：

- 96% 的学员在深度感知自然的能力方面有大幅提高。
- 99% 的学员体会到身体、心智和精神方面放松，和压力的缓解。
- 97% 的学员对心流学习法系列课程有深度记忆。
- 97% 的学员被激发了对大自然的热爱和保护意识。
- 97% 的学员能够专注当下，甚至体验到一种狂喜的感觉。
- 100% 的学员"能够以纯粹的态度向大自然敞开心扉"。

萧淑碧博士用富有诗意的语言总结了心流学习法学员的体验：

心静了，才能看见最美的东西；
心静了，才能倾听最美的声音；
心静了，才能发现生命的原初智慧。

诸如"湖水如心""自然之心之旅"和"自然在我心里"这样的游戏，都给孩子们一种可触知的与自然合一的感觉。

大卫·布兰切特（David Blanchette）是夏威夷瓦胡岛一所私立

学校（Punahou School）的老师，多年以来，他每年都会带着13岁的学生们沿着偏僻的原生态海岸线远足，在那里玩"扩大能量圈"的游戏。

在这个游戏中，他们寻找一个既可以极目远眺又能欣赏近处美景的地方，逐步地扩大自己的意识范围：从近处开始，一直延伸到最遥远的地平线，感觉自己一点点向远处移动，自己的生命与所看到的一切融为一体。

我们的意识总是会被运动的事物所吸引，所以要寻找一个有自然活动的地方，比如青草随风沙沙作响的草原，或者荡漾的湖面。一开始，先闭上眼睛，倾听周围的生命之声。然后慢慢地睁开眼睛，把意识延伸到身边的花草、石头和灌木，感受我们所看到的一切如何成为自己的一部分。

在做完"扩大能量圈"游戏之后，大卫的学生发出了如下感言：

我感到精神欢欣。
我和周围的一切合为一体。
我是平静的海浪，轻轻地卷向海岸。我是礁石，感觉到凉爽的海水在我身上翻滚。
我的每一部分都在和谐地流动。
温柔的大海让我平静下来。我不受拘束，我只存在于当下。

活动结束后,大卫的学生杰西卡心怀对大海的感激之情,在沙滩上写下了"谢谢你"几个字。然后海浪带走了她的字迹,大

海仿佛听懂了她，一并把她的感激汇入浩瀚之中。

快乐的本质就是想要与他人分享快乐。我们都曾在大自然中度过宝贵的时光，那些时光会一直塑造、激励着我们的生命。每个人的心灵都有可能被大自然深深地触动。试想，能够帮助他人在宁静、博爱和与大地合一的生命中成长有多么幸福。心流学习法破茧成蝶的蜕变过程，有助于你与他人分享大自然的欢乐。

本章思考要点

1. 内心的定力比躁动、一触即发的爆发力更强大。一个人的内心越强大，就越有能力掌控外在的局势。回想一下，内心的定力是不是曾让你成功地驾驭和化解一个具有挑战性的局面？

2. 内心的定力会产生极强的感召力，教人从善如流。

3. 核磁共振扫描显示，在讲故事的过程中，讲述者和听众的大脑活动变得同步。当讲述者的额叶皮层亮起来的时候，所有听众的额叶皮层也会被点亮。因此，一个故事就是一种大脑的共享体验。

4. 正如优秀的故事讲述者有能力把听众带入他们的世界一样，高意识的人也同样有能力把听众带入更美丽的世界。

5. 对于心流学习法的老师来说，一种有感染力、快乐、令人振奋的吸引力是必不可少的。

6. 心流学习法的四个阶段是提升学员的活力、投入、友善宽容的态度以及与其他学员和谐融洽的关系。通过在自然中平心静气的体验，学员发现他们的感官和知觉敏锐了，头脑平静下来了，他们的接受能力加强了，他们的认知被唤醒的直觉智慧所丰富。

7. 外在动机是由外部奖励驱动的，内在动机的奖励来自内心。游戏是受内在驱使的，因为游戏本身是有趣的。同样，深度自然游戏的益处是内在和直接的。

8. 我们常规的教育实践，尽管也很重视内在动机，但是研究发现，这种内在动机不容易被唤醒，在学习中也难以为继。与此形成鲜明对比的是，学员经过"心流学习法"，和从前判若两人，他们表现出极高的持续兴趣和投入。

本章活动：沉静冥想

圣人之心静乎，天地之鉴也，万物之镜也。[71]

——庄子

当你在自然环境中练习这种简单的冥想时，你对那些地方的记忆将会生动而强烈。冥想可以让不安的心绪平静下来，带来奇妙的沉静感。重复"沉静"这个词，轻轻抚平自己的思绪，进入当下。

首先，放松身体。要做到这一点，先吸气，由下而上收紧全身肌肉：脚、腿、手、手臂、背部、胸部、颈部，再到面部。然后呼气，完全放松自己。这样重复做几次。然后做几组深呼吸，让自己平静下来。

从现在开始，观察自己呼吸的自然起伏（不以任何方式控制呼吸）。每次吸气的时候，默想"沉"字，每次呼气的时候，默想"静"字。每次完成呼吸时，再重复"沉……静"，争取专注于自己的意念,不从当下游离开来。重复"沉……静",每一次完整的呼吸都能集中你的意念,防止你的注意力从当下游离。

在做呼吸练习时,从容不迫地观察眼前的风景,能帮助我们沉浸于当下。如果对过去或未来的思绪分散了你的注意力,平静而温柔地让注意力回到你面前,并继续重复"沉……静"与你的呼吸。

这个方法能帮助你更长久、更深度地欣赏美丽又原生态的大自然。不论在室内还是户外,不论睁着眼睛还是闭着眼睛,只要想感受宁静的内心,就开始做沉静冥想吧。

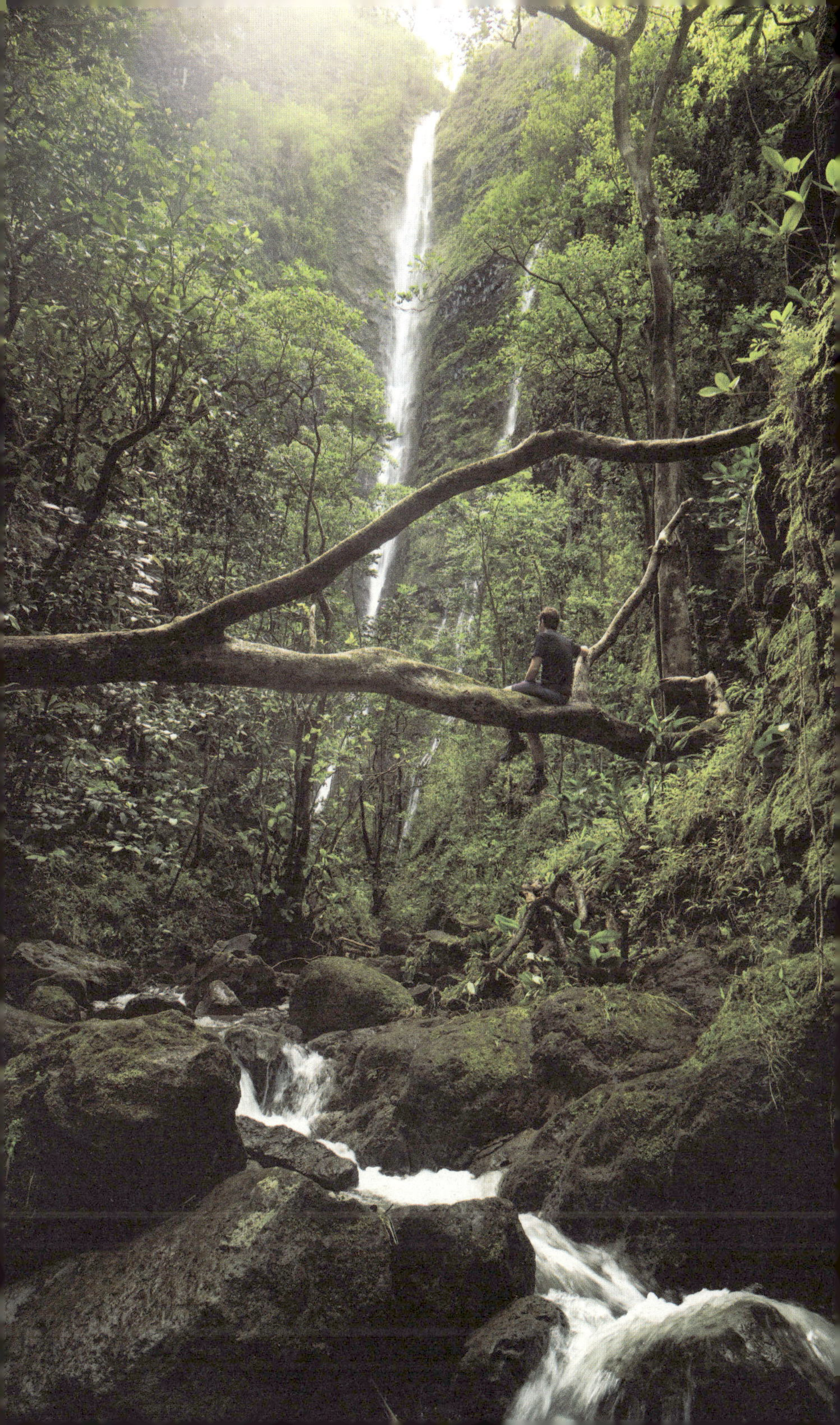

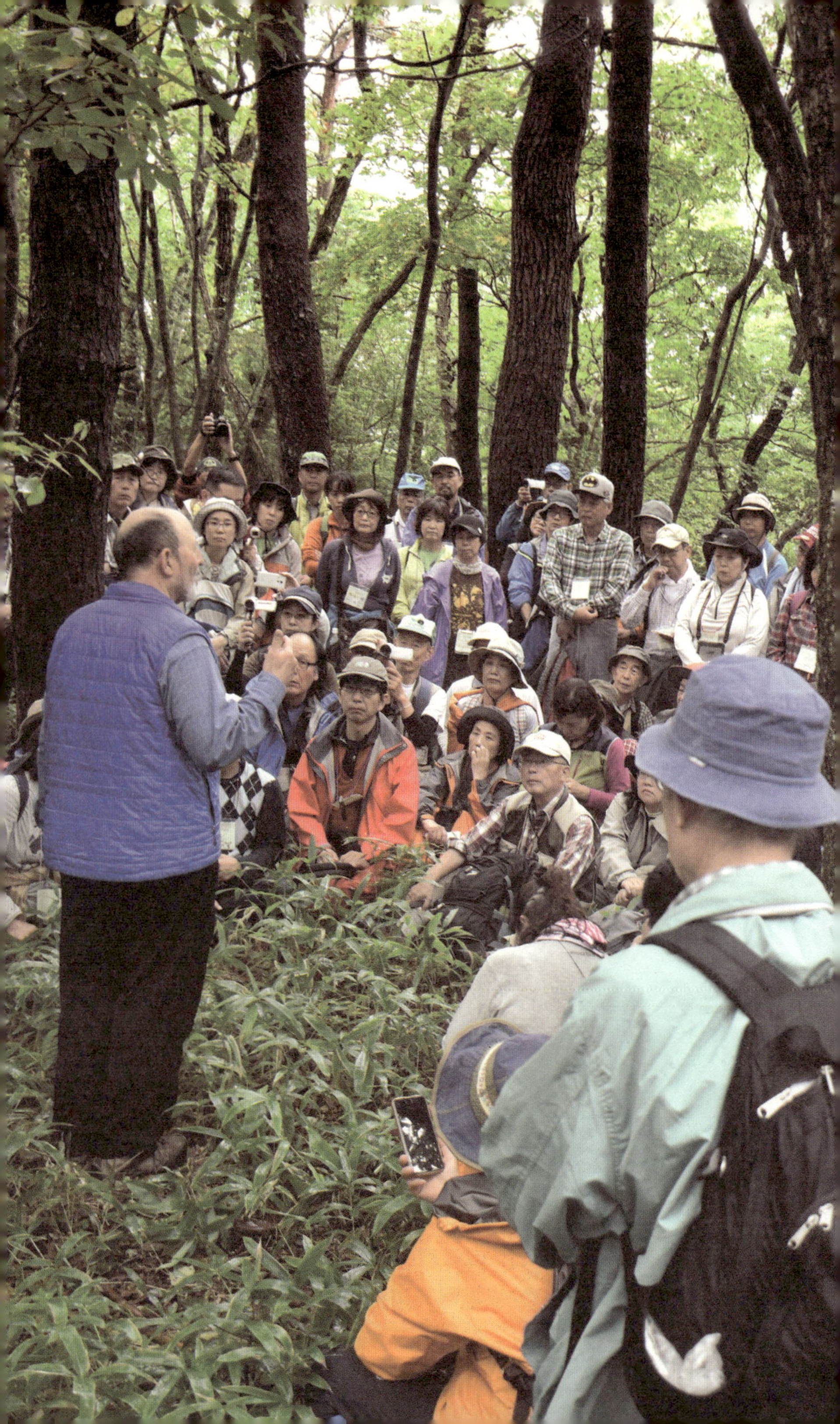

第 10 章

循循善诱
言传身教

> 有生之年,我只想引导人们观赏大自然的美丽。我虽独特却毫不足道。[72]
>
> ——约翰·缪尔

中西悟堂是 20 世纪初日本一位佛教居士和诗人,他毕生致力于修行内心,倡导对万物的关爱。有一次,他在一座白雪覆盖的山上静坐冥想数天。山上的鸟儿注意到了他,但对人类的畏惧让它们保持着距离。

当悟堂居士继续冥想时,他越来越全神贯注于内心的沉静。渐渐地,悟堂向周围散发出一种美妙的平和感,野鸟们不再恐惧,接受了他的存在。一群鸟被他的平和气息所吸引，栖息在他一动不动的身上。

1934年，中西悟堂成立了日本野生鸟类协会，以保护当地的鸟类。每当他散步时候，总会有许多乌鸦、麻雀、摇尾鸟或鹀鹨一起陪着他。

在他去世的前几天，一只翔食雀静静地栖息在他的窗台上，注视着他熟睡的脸。在他的送葬队伍前，又有一只日本红隼在他头上盘旋，仿佛在做无声的告别。[73]

克里阿南达曾说，"沉思冥想是唯一不把自己的意志强加于环境的人类活动"。当我们不再试图将自己的意愿加诸其他事物的时候，它们才会——像被悟堂居士吸引的鸟儿一样——被磁性吸引。同样地，人们也会被无私的领导者所吸引：人们知道领导者会把他们的最高利益放在心里。真正的教诲是谦逊的。老子说："江海所以能为百谷王者，以其善下之，故能为百谷王。"[74]

这并不是说心流学习法的老师不需要深思熟虑的教学计划或者崇高的目标，而是说他们应该保持灵活性，相信通往同一座山的路线有很多条。一旦到达山顶，这条路线就会被遗忘：我们融入了令人惊叹的全景中。

在谈到心流式学习的体验时，一位日本人感叹道："我感受到活着以及生命本身的力量。"泰戈尔曾写道："最高明的教育不仅给我们以知识信息，而且使我们的生活与一切存在和谐相处。"[75] 成功的老师，会把注意力集中在对学生最重要的、最持久甚至改变人生的体验上。他们会专注于过程，而不是过分关注细节。

当学习变得趣味盎然、引人入胜时,课堂内容也不再沉闷,甚至变得令人振奋起来。因为学生发现自己更高的灵魂品质在苏醒,学习本身就是快乐的——它的内在回报丰富而广阔。

20世纪70年代中期,我在加利福尼亚州内华达山区的一个童子军营地做自然课老师。有一次,我们接待了一群男孩,来自犯罪率居高不下的城市贫民社区。这是一帮捣蛋分子,彼此之间喜欢大喊大叫,会用刀子割支帐篷的绳索、割周围的树,以伤害附近小溪里的青蛙为乐。

到了要去进行自然远足的时间,我自己心里直打鼓,而这帮孩子干脆集体逃遁,连面都没有露一下。最后我在营地尽头的草地边找到了这些男生,他们正沿着小溪追逐野生动物。当我走近

他们时，我放弃了原来远足的想法，而是试着看我能不能治治这帮精力过剩的孩子。

他们每个人都那么容易激动，我觉得最好是从需要积极参与的事情开始。我要把他们的精力从侵略性、破坏性的活动，转向健康有益的冒险和挑战。

在我到达之前，他们自己玩得很开心，所以我决定马上向他们展示我们在一起的时间也会很有趣。我带男孩子们去了溪边有大约两米高堤岸的地方，介绍了童子军营地大家最喜欢一项运动：从河岸的一边跳到另一边。要是失败了，就只好在小溪里洗个泥浴了。

幸运的是，每个人都成功地跳过了小溪。但也有一些胆战心惊的时刻，个子小的孩子们差点儿摔下来。当我们都稳稳地站在对岸时，大家都笑得很开心。当每个人都为自己的成功满心喜悦时，我们之间的距离也就很微妙地拉近了。

营地上面的山脊一度是去找鹿、松鼠、土拨鼠、老鹰和金雕的好地方。我对孩子们说，要爬过一条又长又陡的斜坡，才能到达山脊。我知道他们是不会拒绝这个挑战的。果然，大家都迫不及待地同意了。于是我们一起出发去爬山。

陡峭的斜坡并不危险，但对那些从未进过山的城市孩子来说，仍然是一个挑战。攀山还需要团队合作，要为一起攀登的伙伴考虑。这是我第一次看到他们真心合作。攀山需要的注意力和对体力的要求终于让他们的心绪平静下来。当我们聚集在山顶的时候，大家已经有了更好的状态去观察野生动物。

最终我们没有看到金雕，但找到了一只土拨鼠、三只鹿，还有一只老鹰。我们看到一个由湖泊、花岗岩山顶、森林和冰川山谷组成的仙境。这些男孩子们也许是有生以来第一次真正被他们周围大自然的美丽所感动。他们迫不及待地探索这片区域，有如此多新奇的发现，以至于我几乎对他们一个又一个的问题应接不暇。

在山脊的顶部，孩子们惊叹于他们的发现：那些矮小扭曲的树木，它们似乎根本不可能在荒凉、风蚀过的岩石上生存。我解释说，这里的树木要承受冬季狂风暴雪的洗礼，一些树抵御风寒的方法就是树身尽量缩小，紧贴着地面躲避大风；树枝极其灵活，不会被风雪折断。

为了让孩子们体会这些树的生命力，我们小心翼翼地把银松的树枝弯成一个圈。后来，我们躺到岩石上，感受到离地面越近就越温暖，越有被保护的感觉。我们找到一棵完全长大却只有一米高的刺叶栎，它的树枝可以一直弯到地上，再大的风雪也不能折断这么柔韧的树枝。大家还惊奇地发现，许多树虽然只比他们高一点，却可能已经有四百年的树龄了。

孩子们被这些树的婆娑轮廓所吸引，它们看起来就像在风中摇摆的旗帜，大部分的树枝都长在背风的一侧，远离风口。我们站在风中，想象着一棵树如何战胜了严冬的风刀霜剑，大风卷来的层层冰晶刮伤了它的树枝。

他们开始深切地欣赏和同情这些树，赞叹它们适应山区极端生存条件的能力。在孩子们眼里，每棵树都成为一个鲜活的生命，

每棵树都有一个动人的故事要讲。这群男生一改过去的轻率和漠不关心,开始尊重和热爱森林了。

他们在行为上的巨大转变又一次告诉我,一定要相信每个人都有向善的潜力。我们越是相信人们的潜能,越能行之有效地激发出他们更高层次的情感和抱负。

激励他人从善如流的另一方面,是敏锐地体会到他们的需求。只有从自己的偏见和故步自封中解放出来,才会有这样敏感的关注。

有一次,我去走访加州尤巴市的一家敬老院,用幻灯片介绍附近的水鸟自然保护区。刚放了几张幻灯片,我就意识到在座的大多数老人都是这个地区长大的。事实上,他们每个人都有很多年轻时在萨克拉门托山谷（Sacramento Valley）的故事，于是我干脆停止了讲演，只是倾听他们的回忆。一位先生告诉我，他的父母记得，在多雨的冬天，这个山谷从海岸山脉（Coast Range）一直到东边的内华达山脊（Sierra Nevada）脚下都是一个巨大的湖泊。我们可以从一座山划船到另一座山：距离有80公里。每个人都记得听到过成千上万只鹅和鸭子飞过自家后院的喧嚣，然后再看它们欣喜若狂地降落在沼泽地里。老人们回忆说，有时候，似乎整个天空都在移动。

我自己的童年也是在同一个山谷里度过的，但当时剩下的野生区域已经寥寥无几。水鸟的数量尽管仍然惊人，也已经无法和从前相比。能亲耳听到老人们对这个山谷真正野生时期的描述，我感到百感交集。

敬老院的老人们在分享故事时的矍铄和活力感动了我。这个分享他们对萨克拉门托山谷独特见识的机会，唤醒了他们的灵魂，让他们都认识到自己自然体验的价值。而我放弃了原先的讲座计划，转而倾听大家的热烈分享，不仅明智，同样受益匪浅。

作为一名教育工作者，我发现，当我对他人的实际需求很敏感时，我会根据他们的具体需要来调整学习进度。在这样的情况下，我的教学会更富创造性、刺激性，也肯定更有趣。当我们能触动学生的内心深处，也就与他们建立了更紧密的联系。作为教育者，我们要避免因试图教对这一主题没有兴趣的人而产生的挫败感和倦怠感。为了找到与学生之间神奇的联系，我们需要问自己："什么对这些人帮助最大？"

最能体现一节课成功与否的标志，是老师自己是否体会到灵感。有一次，一位户外教育家告诉我，他曾认为郊游远足的成功取决于孩子们的敏感度和是否准备充分。但他后来改变了自己的想法。他慢慢注意到，每当他自己感到灵光四射和充满惊奇的时候，即使是很棘手的班级，学生们也总是玩得很开心；而当他感到提不起精神时，无论这个小组有多好，这次徒步旅行都留不下特别的记忆。他因此开始意识到，教师的灵感是为学生创造深度自然体验的核心因素。

要传达对大自然神奇的敬畏感叹之情，我们自己必先具有一颗敬畏之心。如果领队充满了好奇、喜悦和对大自然的热爱，他也会感染周围的其他人，因为每个人都渴望自己能有同样的体验。

一次，一个医学院新生问德国著名的医学家和哲学家阿尔伯特·史怀哲（Albert Schweitzer）："什么是最好的教学方法？"他回答说："有三种教学方法：第一种是言传身教；第二种是言传身教；第三种还是言传身教。"一个人如果心中充满了对自然的热爱和敬畏，那么对其他人来说就展现了一种最生动的生活态度，是任何其他说教都无法做到的。榜样的力量是无穷的。当我们谈到个人榜样的重要作用，并不是一个让人不自在的标签，而是一种个人责任，我们有责任去帮助自己和他人更充分地认识到与所有生命的合一。

在开始一堂户外自然课之前,为了让你的教学真正地充满热情和爱,要先花几分钟与大自然交流。你会发现,当你花点时间对自然感到宁静、快乐和爱时,你也会以同样的方式对待他人。当我们与人的最高境界关联时,我们也创造了一种氛围,帮助学生们在自我和自然中感受最高境界。

本章思考要点

1. 沉思冥想是唯一不把自己的意志强加于环境的人类活动。共享自然的冥想活动,诸如"我是一座山""宁静""扩大能力圈""湖水如心""自然之心之旅"和"自然在我心里",都让我们全身心地沉浸于自然之中,达到忘我的境界。

2. 人们也会被无私的领导者所吸引:人们知道领导者会把他们的最高利益放在心里。

3. 老子说:"江海所以能为百谷王者,以其善下之,故能为百谷王。"真正的教诲是谦逊的。

4. 心流式学习的老师应该顺势而为。他们应该有深思熟虑的教学计划和崇高的目标，同时也应该保持灵活性来体验当下。

5. 成功的老师，会把注意力集中在对学生最重要、最持久甚至改变人生的体验上。他们会专注于过程，而不是过分关注细节。

6. 我们越是相信人们的潜能，越能行之有效地激发出他们更高层次的情感和抱负。

7. 激励他人从善如流的另一方面，是敏锐地体会到他们的需求。只有从自己的偏见和故步自封中解放出来，才会有这样敏感的关注。

8. 最能体现一节课成功与否的标志，是老师自己是否体会到灵感。如果领队充满好奇、喜悦和对大自然的热爱，他会感染周围的其他人，因为每个人都渴望自己能有同样的体验。

9. 在开始一堂户外自然课之前，为了让你的教学真正地充满热情和爱，要先花几分钟与大自然交流。你会发现，当你花点时间对自然感到宁静、快乐和爱时，你也会以同样的方式对待他人。

大河奔流

每一条河的命运都是奔流到海。河水流经河岸时产生摩擦力,减慢河流的前进速度。但是,当水流量足够大时,河水仍然会流得很快,因为接触河岸产生摩擦力的水的比例减少了。

随着时间的推移,河流会抚平粗糙的河床,带走淤泥碎石;水

变得如此清澈，我们可以看到水面下很深的地方。同样，随着更多的能量流过我们，我们的心智也会变得更加清晰和深刻。

这就是心流学习法的秘诀：通过喜悦的意愿和提升的意识，唤醒内在更大的能量流，清除学习和个人改变的障碍。

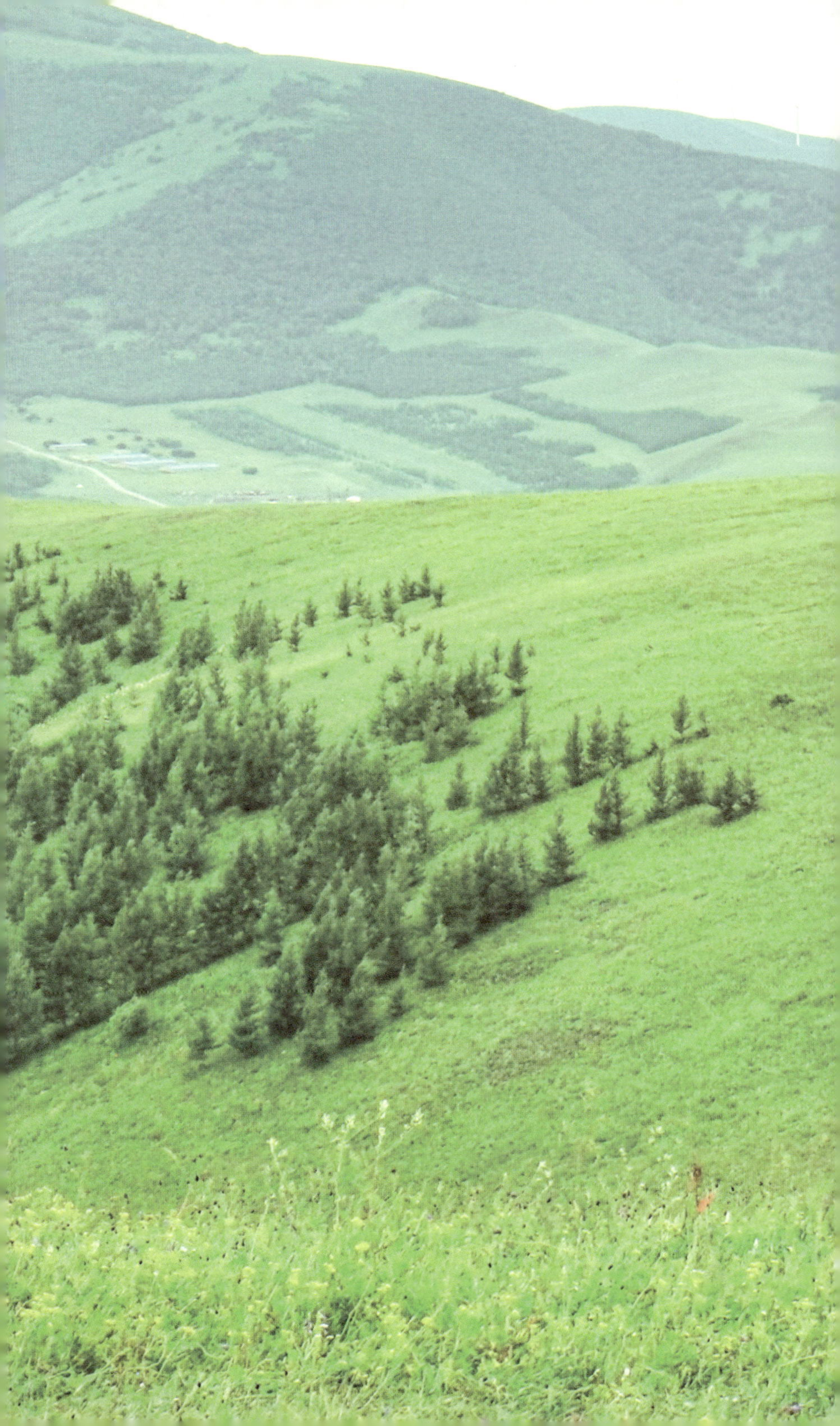

心流学习法的应用

> 克奈尔的心流学习法,可以运用在任何一个角落。[76]
> ——加州州立公园管理局

数百家全球机构在课程规划中采用心流学习法,包括日本文部科学省、美国国家公园管理局、世界童子军运动组织、蒙台梭利学校、美国野营协会、美国国家解说协会、瑞典农民协会、厄瓜多尔企业培训师,以及英国全国宗教教育环境计划,等等。

我希望心流学习法的以下应用能激发你的思维,看看如何将其原则和活动纳入你的课程和小组中:

- 最自然、最简单的学习方式
- 在语音实验室里的心流学习法
- 学校课堂中的心流学习法
- 觉醒的泪水
- 教学的艺术技巧

最自然、最简单的学习方式

凯特·阿克尔（Kate Akers）

新西兰环境教育协会全国执行委员

心流学习法是如此有效、如此温和，它是向儿童和任何年龄段的成人传递自然教育理念最自然、最简单的方式。心流式学习与我们与生俱来的存在状态相协调，能在学习和理解的最佳时段充分利用学生的能量并引导他们思考。

心流学习法第一阶段的主旨是唤醒热情。我最喜欢看到的就是原本陌生的一群人在课程开始的短短几分钟内，身体和精神上就发生很大的变化。他们适应彼此，也适应周围的自然环境。当孩子和大人尽情玩耍时，羞怯和紧张就会烟消云散。整个团队也在天真、包容和有趣的童心精神中融为一体。这时他们敞开心扉，愿意去学习。

令我惊讶的是，大家都能轻松自如地投入到心流学习的活动中去。你可以看到，年龄较大的孩子在鼓励下也会像小孩子一样无所顾忌地玩耍、学习和探索自己的感受，而通常来说，这种方式被社会习俗限制在最小的孩子身上。我由衷地相信，我们所有人都会格外珍惜重返童真世界的机会，而"共享自然"活动正提供了这样的机会。在这些活动中，我们如同拿到一张自由放飞的通行证，卸下岁月的重担，焕发精神，重获新生。

在语言实验室里的心流学习法

玛莎·格里森（Martha Gleason）

玛莎·格里森语言中心声音与语言专家

找到自己的声音是寻找最高自我的一个旅程。无论是在商务会议上讲话，在线发表意见，还是在音乐会上唱歌，放大自己声音的第一步，就是联结你宁静的内心。

当我分享心流学习法"自然在我心里"的活动时[*]，我的做语言矫正的学生会学习一个强大的工具来安抚喋喋不休的大脑，从宁静的内心开始他们的声音练习。最近，我和其中一个学生汤姆通过网络做这个练习。那时他已经工作了一整天，感到筋疲力尽。汤姆说，起初他只是盯着屏幕上一张美丽瀑布的图片。当我们进入"自然在我心里"的练习时，他开始注意到照片上的具体细节：水和天空的靓丽颜色；流水下的岩石；周围树上五颜六色的叶子。又过了几分钟，汤姆说，单纯的观察变成了一种更深刻的体验，

---

[*] 请参见第三章"自然在我心里"的玩法。

他开始觉得自己置身于画面之中，而不仅仅是从外面观察。汤姆能感觉到自己在流动的瀑布下游泳，能摸到岩石上的苔藓，能看到上面的蓝天。练习结束后，他感到精神振奋，简直想要放声高歌。

　　心流学习法强大的专注原则把做语言矫正的学生们带入当下；此时此刻，他们可以与自己平静的内心相连。我们冷静而专注的声音确切地表达了我们的自我。声音活在内心，然后流向世界。声音反映了我们内心深处的感受和灵感。心流学习法的练习帮我的学员找回了他们宁静又欢乐的内心。从这个被唤醒的地方，他们会找到自己真正的声音，并点燃自己的影响力。

学校课堂中的心流学习法

卡罗尔·马尔诺（Carol Malnor）
终身教育基金会联合创始人，课程设计师，童书作者和出版商

我是一名教师兼课程设计师，我发现心流学习法应用到课堂上同样会受益匪浅。通过心流学习法教学，我的学生都能做到积极参与，很少出纪律问题。至今，我已经在数学、科学、社会科学、语言，甚至艺术课上成功地运用了心流学习法。

- 唤醒热情

脑科学专家的研究表明，如果课程材料是有意义的、有益的、有趣的，甚至能激动人心，那么我们的大脑就更容易获取信息。这就是为什么唤醒热情对学生如此重要。一旦老师能让学生对课

程内容兴趣大增，学习就是轻松自然的过程了。

体育活动往往是激发学生兴趣和参与感最有效的方式之一。约瑟夫·克奈尔的许多活动都可以应用到学术科目中。比如，我把"野生动物抢答"活动用在数学课上，把一个个数字（而不是动物图片）贴在孩子们的背上，让他们猜是哪个数字。在每次历史考试之前，我和孩子们玩"猫头鹰和乌鸦"的游戏，帮助记忆重要的历史事件。（我甚至让大家来出一些选对错的题目。）

在语文课上，"我是什么动物"游戏变为"我是书中的哪个角色"游戏。有时，一个简单的小把戏，比如穿上演出服或者演奏特别的音乐，就足以激起学生的兴趣，激发他们的热情。我发现，当我把游戏和孩子们没有料到的小惊喜融入课堂时，我就是在告诉学生们，老师希望大家尽情享受学习的乐趣，然后学生们也就更乐意完成课堂上的各项学习任务。

• 培养专注

一旦学生们投入其中，我再用其他活动把他们的注意力集中到学习的科目上来。为了帮助学生集中注意力，我在一个活动中尽可能用到更多的感官。比如，玩转圈节奏击掌的游戏，就必须仔细观察（视觉）、倾听（听觉）、双手模仿击掌节奏（触觉）。在学习科学术语、介词用法或者乘法口诀时，都可以把这些内容加入击掌游戏中去。其他游戏，诸如寻宝游戏、追踪线索、猜谜活动，以及全身平衡运动和精细运动的活动，都很能吸引学生的注意力。

在一堂讲磁场的物理课上，我发给学生们几个小磁铁玩，激发他们的探索热情。然后，我要求每个人在五分钟之内，列出教室里所有带磁性的物体和不带磁性的物体。接着让他们比较各自的列表，看看能得出关于磁铁的什么结论。整个游戏只需要十五分钟，孩子们一下子就沉浸其中，能轻松地阅读、实验和了解更多关于磁铁的特性了。

- 直接体验

在课堂教学中，直接体验是每个老师梦寐以求的学习目标。直接体验可以是动词变位、单词拼写，可以是代数方程的求解，也可以是光合作用的定义。大多数老师都很清楚他们要教给学生什么。通过在教案中加入唤醒热情和培养专注的活动，孩子能进入一种虚怀若谷式的接受状态，更快更轻松地学习。此外，让学生运用所学的知识点，可以将知识很好地内化，使其成为自己的资料，而不再是为应付考试匆匆记住又匆匆忘记的东西。比如，对学生来说，为校报写一篇文章比写一篇只有老师会读的论文更有意义也更有影响力。

- 共享感悟

让学生处理、思考和分享各自学习经验的方法有很多种。为了让学生分享所学，我用过短剧、舞蹈、音乐、诗歌、日记、艺术作品、创意写作，甚至书面考试等形式。让学生有机会分享经验，能够提高整个班级的学习劲头。

曾经有一段时间，我觉得太匆忙了，不敢花时间在心流学习

的每个阶段上。对此我一直很后悔。因为学生们不专心，节省下来的时间常常被花在管理纪律问题上，或者花在鼓励意兴阑珊的学生身上。当能量被唤醒、集中、体验和分享时，无论老师还是学生都会有更深层次的学习体验。

教育研究也印证了心流学习法的有效性：

研究表明，课程内容的趣味性与所取得的教学成果之间有正比关系（Renninger，1992；Schiefele，1992）

——唤醒热情

学生只有参与才能学习。学生参与是指学生全身心投入到学业中去（Astin，1985）

——培养专注和直接体验

学生不是从经验中学习；相反，是从反思自己的经验中学习（Steinwachs，1992；Thiagarajan，1992）

——分享灵感

觉醒的泪水

塔马拉克·宋（Tamarack Song）
"治愈自然小径"的创始人，《成为自然：学习野生动植物的语言》作者

凯利是一位身材娇小、鹤发童颜的古典小提琴家。30年前，她和她的先生一起离开芝加哥，搬进了森林里的一间湖边小木屋，小屋坐落在威斯康星州未被开发的诺斯伍兹湖区（Northwoods）。有一天，我带凯利和她的三个朋友去做自然远足。我们沿着一条小路蜿蜒而行，穿过一片古老的松树林，来到一个河狸垒起来的水坝上，立刻进入一片沼泽漂浮的神秘世界。

我们先脱了鞋子，在苔藓覆盖的小路上赤足行走，尽力吸入有消炎功效的大地能量：这种走路法被叫作"接地气"。然后，我们摘几根香脂冷杉的针叶在手里碾碎，吸

入它们的像内啡肽一样的精华，这一直是治疗忧郁的良方。

　　在小路上走了一会儿，我回头看大家状态如何。凯利一边微笑，一边眼泪止不住地流下来。面对我的大惑不解，凯利说："我好极了。我在这里生活了这么多年，门外就有一片森林，我经常去远足，可是我刚刚才意识到，我从来没有真正体验过大自然。没有嗅闻大自然，没有品尝大自然，也没有触摸大自然。即使我一直置身于大自然之中，但我没有感觉到她。我只是一个旁观者——我从来不知道大自然可以如此治愈我，如此令人安慰。"

这是每个自然向导梦寐以求的时刻。我刚刚目睹了一个人欣喜的觉醒——这是心流学习第一阶段的深刻表现。难道还有比泪如泉涌更能象征心流学习的活力吗？

对我来说，这是心流学习的最佳状态。一旦我把第一阶段（唤醒热情）的工作做好，自发的劲头就会一发而不可收地延续到接下来的三个阶段。我通常不需要额外的助力。凯利和她的朋友就是这样，她的超凡感受很有感染力，她的朋友们也因此变得放松而专注。他们充分地参与到随后的"沉浸自然"活动中，因为彼此之间的协同性，他们每个人的体验更加触动灵魂。

有一点我要强调，一旦掌握了心流学习法的诀窍，接下来的整个过程就像行云流水一般流畅。这是因为心流学习本身就是儿童天生的学习方式，也是被我们成年人束之高阁的学习方式。因此只要打开内心尘封的记忆，心流学习就回来了。

研究心流学习法的另一个益处是帮助我们理解动物的行为。我曾经和狼及其他野生动物一起生活过，动物就是通过心流学习法来教导自己的幼崽的，是狼启发了我。一旦你重新熟悉了心流学习法，你也可以向动物学习，一个新的世界就会在你面前打开。

教学的艺术技巧

尼斯卡拉·克赖尔（Nischala Cryer）
阿南达生命智慧学院联合创始人，《瑜伽的四个阶段》作者

大约 25 年前，我了解到约瑟夫·克奈尔的心流学习法。这也许是我用到的最为有效的工具，帮助高中生和大学生更深刻、更有意识地体验我为他们展示的艺术。

比如，在教授美术技巧时，心流学习法提供了让整个班级都能全情投入的一个自然顺序。每一天，每节课都各不相同，但我总是从能激发学生兴趣的"唤醒热情"练习开始。例如，在教木版印刷课时，我会先给全班放一部有关日本木版画历史的短片《浮世绘》(Ukiyo-e)。这部电影显示，木版印刷最早实际上是由中国的佛教徒发明的，他们用木版印刷制作佛祖和僧侣的简单版画。这时我可以顺便谈谈这门艺术背后的理念及其最初的意图。

随着学生们兴趣的高涨，我下一步的训练是培养专注力。我在画室每个学生的工作台上都摆好了工具。在教学过程中，学生们熟悉了日本木材切割中使用的工具——竹刀（一种切割工具）

和木块本身。我简要介绍了基本的技术，而他们的注意力集中在学习如何做到这一点。有了工作台上这些工具，学生们能够触摸它们，这让他们更集中专注，而不仅仅是通过观看来学习。

接下来是美术课最吸引人的地方：直接体验，这会占据课堂的大部分时间。这时我会要求学生们安静地工作。我可能会带大家做冥想式的想象，进入一种宁静的状态，从而获取自己的直觉。我要求大家保持沉默，也不环顾左右看其他人在做什么。我会放一些冥想、安静的音乐。据说，日本木刻是一种辛苦但又充满禅修的工艺。学生们在课堂上会花很长时间使用各种木刻工具来完

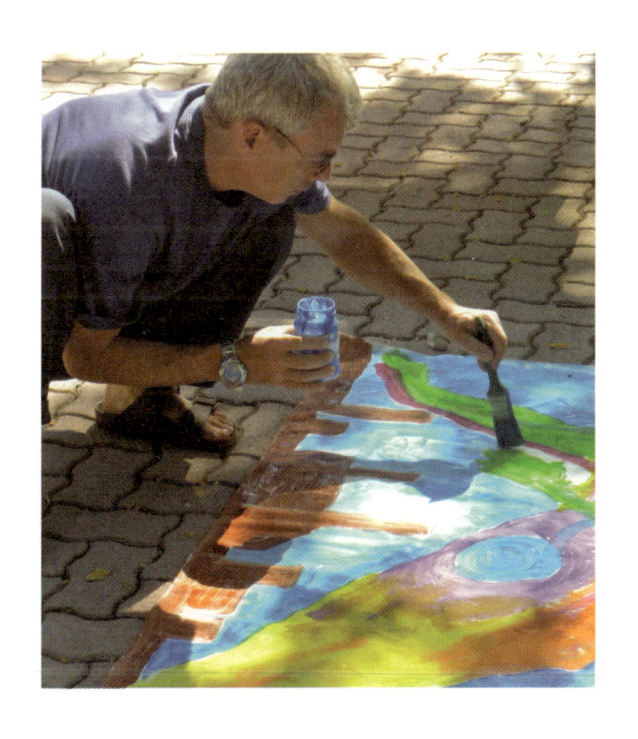

善自己的木刻作品。下课前 10 分钟我会摇铃，这让他们或者完成自己的作品，或者开始安静地清理。

最后，我们进入心流学习的第四阶段——共享感悟。此时，学生们已经有很多心得要和同学分享。鼓励学生们交谈，但是不要相互展示自己的作品（展示作品可能会带来不必要的比较和竞争）。

贯穿整节课，学生们都会谈论他们的体验。也许是评论《浮世绘》这部电影，也许是使用木版画工具的感受，或者对音乐、对默默工作等方面的感受。每个老师都知道，学生的投入程度和他们自己在学习中的体验是非常重要的。我相信心流学习是组织一门课程甚至一场演讲的整体方法。对我来说，在创办"终身教育方法" 25 年以来，心流学习法一直是我规划课程的主要工具。

致 谢

1973年，我发现了瑜伽大师帕拉宏撒·尤迦南达（Paramhansa Yogananda）和他的直系弟子斯瓦米·克里阿南达（Swami Kriyananda）的教义，他们两人都强调对真理需要有自己的直觉体验。近50年来，我一直住在阿南达村，这是加利福尼亚州一个遵循两位大师教诲的瑜伽社区。我在这本书中分享的真知反映了我从大师尤迦南达和我的精神导师克里阿南达那里获得的智慧。

我感谢美国超验主义作家约翰·缪尔和梭罗，也感谢所有伟大智慧的光辉带给我的启迪。

在过去的40年间，"共享自然"运动受到了众多杰出领导者的祝福。我想感谢你们每一个人在全世界为传播心流学习法所做的工作，感谢你们的由衷热情、无私奉献，还有经验的分享。此外，我还要感谢王鑫（Wang Shin）教授对"共享自然"在亚洲的传播发挥了重要作用。

萧淑碧（Shu-bih Hsiao）博士、三吉直子（Naoko Miyoshi,）、刘天（Sky Lau）、鲁菊菊（Juju Lu）、尼娜·霍伊尼克（Nina Hojnik）、菲尔·罗曼诺（Phil Romano）、珍·麦格雷戈（Jean MacGregor）、苏珊·德蒙德（Susan Dermond）、海伦·珀塞尔

（Helen Purcell）、迈克·德兰贾（Michael Deranja）、格雷格·特拉马尔（Greg Traymar）、艾琳·维纳科（Erin Vinacco）、约翰·基兰（John Kieran）等都为本书提供了改进意见。

吉姆·范·克里夫（Jim Van Cleave）编辑完成全部书稿，他的条理性和幽默感一如既往。和吉姆合作总是充满乐趣。

最后，我要感谢我的妻子阿南迪·克奈尔（Anandi Cornell），感谢她对本书每一个阶段的完成所做的贡献。她对心流学习法的投入和知识，以及她的编辑专业知识，都是无价的。

附录
缪尔和黑狗斯蒂金*

纷飞的雪花压缩成冰后形成冰川。冰川的重量使它们向下流动,就像非常缓慢的河流。那些微小而脆弱的雪花,在黑暗的天空中飞舞,似乎彼此在商量:"来吧,我们互相合作吧。在一起,我们就是强大的冰川。让我们一起冲下去,推掉山上的石头,这才是该有的风景。"

我听说在阿拉斯加东南部有一些巨大的冰川,仍然在雕刻着高贵的、新生的风景,因此1879年我迫不及待地第一次去了阿拉斯加。12年前,美国从俄罗斯手中买下了阿拉斯加。我和我的朋友,传教士S.霍尔·杨(S. Hall Young)牧师,一起坐独木舟在护卫着海岸的一个个岛屿之间航行了数百英里。我们一起经历了很多奇遇,也有过一些险象环生、侥幸逃脱的经历。

探险结束时,我们发现了一个到处都是冰山的长海湾,以前还没有人探索过这个地区。这个被巨型冰山环绕的海湾如今被

---

* 摘自我以第一人称为青少年读者写的缪尔传记:《约翰·缪尔:我与自然相伴的一生》(*John Muir: My Life with Nature*, Commerce, CA: Crystal Clarity Publishers, 2000),第36—44页。

约翰·缪尔

叫作冰川湾。不过，1794年乔治·温哥华船长（Captain George Vancouver）在第一次远航驶过这片海岸时，这个海湾还根本不存在——因为入口完全被160公里长、30多公里宽、1500米高的冰川阻塞。85年后，当我们到达这里时，冰川已经从海湾入口后退了近80公里！

第二年夏天，我们重回冰川湾。就在这里，我和一只小狗经历了一场惊心动魄的历险，几乎改变了我们的一生。

这只小狗是杨牧师的小狗，名叫斯蒂金。在出发之前，杨牧师要带上它，我对杨牧师说："对这个没用的小家伙来说，阿拉斯加旅行太难了吧。"但是牧师向我保证，斯蒂金不会有任何麻烦："它太神了，像熊一样耐寒，像海豹一样能游泳，聪明且非常狡猾。"杨对斯蒂金赞不绝口，让我觉得它（斯蒂金）是我们团队里最有趣的成员。

斯蒂金有一身乌黑的长毛，短腿，还有一条像松鼠一样华丽的尾巴。它一直很安静，没表现出任何明显的热情——看起来就像冰川一样冷酷无情。斯蒂金有自己的主意，我行我素。但这位小哲学家喜欢冒险，无论我走到哪里，它都跟着我。

一天，斯蒂金和我早早离开营地去探索一座冰川。当我们穿过12公里宽的冰河，沿着冰河进入山区时，风暴开始肆虐。我们要走的路被冰上的巨大裂缝阻断，有些裂缝深达300米，近3米宽。如果冰缝较小，我会仔细检查裂缝，然后跳过去，而斯蒂金却像一朵云一样直接从裂缝上滑过去。它的满不在乎让我很担心，我一再警告它要当心。

天色渐晚，我们加速沿着冰川往下走。落山的太阳和风暴的黑暗催促着我们要尽快赶回去。我俩尽可能跑起来，从看起来更光滑的冰川上游穿越过去。一开始，进展还算顺利，直到遇到一片像迷宫一样的裂缝和坑坑洼洼的冰面。每前进一百米，就要来回走上近两公里才能找到能跨越的安全冰面。一次又一次地跳过越来越多的冰缝让我疲惫不堪，而斯蒂金却轻松地跟在后面，一路小跑，仿佛冰川是个游乐场。它没有一丝恐惧，仍然镇定自若，尽管我注意到它越来越紧地跟着我。

最终，一条大冰缝横在我们跟前。我知道我们不可能再跳回刚跨过的上一条裂缝，因为对岸地势实在太高，所以我们就被困在了一个冰的孤岛上，有3公里长，几百米宽！要离开冰岛只有一条路，那是一座20米长的冰桥，窄窄地延伸到另一边。因为冰山融化的缘故，冰桥所在的位置很低，几乎要笔直往下3米左右才是桥，过桥之后还要直着往上爬3米才能到达安全的地方。天寒地冻，狂风呼啸，光线暗淡，真是越看越危险。第一眼看见冰桥时，我迅速排除了用桥逃生的选择。但是最后，我意识到这是我们唯一的机会，就是破釜沉舟也要试一次。仔细研究了可能的逃生路线之后，我觉得这也许是可行的。

我小心翼翼地在冰上凿

出台阶，一步步下到桥上，然后跨过桥到了另一边。最困难的是要爬上对面3米高像悬崖一样的冰面。我一边凿梯，一边把手和脚塞进冰上的小凹槽里，努力向上攀爬。我生平从未经历过如此致命的重压，完全不知道自己最后是怎么爬上悬崖的。这一惊人壮举仿佛是另外一个人完成的。

但是我们勇敢的登山员斯蒂金在哪儿呢？当它意识到我准备过桥时，凝视着巨大冰缝，又哀怨地看向我，开始不停地咕哝哀叫，好像在说：“你是不是疯了，要去送死！”我真是佩服斯蒂金，它之前从来没有意识到冰又滑又危险。为了它平静下来，我说：“宝贝别怕，我们一定能过去的。尽管不容易，我们还是必须拼命试一下。”斯蒂金不为所动，跑去找另一条路，当然是无功而返。等它回来后，我开始过桥，这时它哭嚎得更伤心了：“哦，什么鬼地方！不……不……我绝不去那里！”

当我到达桥的另一边时，斯蒂金发出更加绝望的呻吟。但是它意识到自己必须要穿过桥，于是站稳了脚步，开始尝试。它的两只前脚向前滑，小心地固定在第一个冰阶上，然后慢慢地又把后脚放下来，直到四只脚都挤在一个台阶上。它看起来在陡峭的冰墙上摇摇欲坠。就这样，斯蒂金从悬崖上下来，一直走到桥上。它顶住狂风，战战兢兢地迈每一步，终于穿过了冰桥。

当斯蒂金到达冰崖的下面时，我开始担心，因为狗连爬树都不会啊。要是斯蒂金注定要倒下，我知道肯定会是攀悬崖这里。我想用自己的衣服做一个套索把它拉上来，但这时斯蒂金却一动不动地坐着，它的眼神变得专注而坚定。它仔细看了看一个个可以放脚的冰阶之间有多远，然后开始疯狂冲刺。斯蒂金跳了起来，抓住了第一个落脚点，然后再跳到第二个、第三个、第四个，一直向上，直到它攀上悬崖，落在了安全的地方。

成功逃生让斯蒂金欣喜若狂——它在周围横冲直撞，叫着，嚷着，像旋风中的叶子旋转着，在地上打滚，然后又哭又呜咽。我真担心它会乐极生悲死掉，斯蒂金朝一个方向跑了二三百米，然后转身跑回，一下朝我的脸扑过来，差点把我撞倒。它一直在尖叫："得救了！得救了！得救了！我们成功了，约翰，不是吗？""好了，好了，斯蒂金，冷静冷静，"我一边说一边安抚它，"我们还有很多路要走。"前面的冰面上仍然有无数条裂缝，但很窄也很常见。晚上10点左右，我们终于安全回到了营地。

这之后，斯蒂金就像换了一条狗。我们与风暴的那场搏斗让斯蒂金满血复活。它不再独来独往，而是一直跟着我。晚上，当营火周围安静下来的时候，它会把头靠在我的膝盖上，看着我的眼睛，似乎在说："我们一起在冰川上度过的时光真是可怕呀！"

斯蒂金这只小狗打开了我的眼界，扩展了我对生命的理解。从它身上我领悟到，人类和动物对爱、希望和恐惧的理解，在本质上是相同的，这些情感都会像阳光一样洒向所有的生命。通过斯蒂金，就像透过一扇窗户，我可以看到动物世界中的兄弟们的内心世界。从那以后，我对所有的事物都有了更深的同情。

自然游戏索引

天地这样感动了我 | 027

护林人罗伊的眼睛 | 032–033

自然在我心里 | 039–041

心如止水，心明如镜 | 050–051

分子游戏 | 072–076

照相机 | 082–083

雪橇犬 | 086–088

我是一座山 | 092–093

大地之窗 | 097–100

空中之鸟 | 107–109

仰天而笑 | 109–110

探索大自然之心 | 114–115

与森林合一 | 119–123

扩大能量圈 | 131

沉静冥想 | 135–136

原书注释

1. Jon Cree and Marina Robb, *The Essential Guide to Forest School and Nature Pedagogy* (London, England: Routledge, 2021), 32.
2. Maria Montessori, *The Absorbent Mind,* ageofmontessori.org/the-ten-secrets-of-montessori-education-3-the-absorbent-mind/ (accessed June 11, 2021).
3. Mary Rose O'Reilley, *The Love of Impermanent Things: A Threshold Ecology* (Min-neapolis, MN: Milkweed Editions, 2008), 202.

第一章
4. Andrea Wulf, *The Invention of Nature,* Kindle, Alfred A. Knopf, 2015, 36.
5. Richard Jefferies, *The Story of My Heart* (UK: 1882), 3, 141.
6. Pavel Novy, ReEarthing TV, *Animal Communication: Conversation with Wynter Worsthorne*, (Vancouver Island, BC, Canada: Iceberg Films, 2018).
7. Iain McGilchrist, *The Master and His Emissary* (New Haven, CT: Yale University Press, 2009), 195.

第二章
8. John Muir, *John of the Mountains*, edited by Linnie Marsh Wolfe (New York, NY: Houghton Mifflin Co., 1938 by Wanda Muir Hanna. Copyright renewed 1966 by John Muir Hanna and Ralph Eugene Wolfe), 84.

第三章
9. Sigurd F. Olson, *The Singing Wilderness* (New York, NY: Alfred A. Knopf, 1956), 129-130.

10. Ibid, 130-131.

第四章

11. Downunder CT LLC, *Why I Love Surfing* (www.downunderct.com/fitness-a-fun/why-i-love-adventure-sports-connecting-with-nature-my-inner-self/). (Accessed July 1, 2019.)
12. Cedric Arijs, Stiliani Chroni, Eric Brymer, and David Carless, *'Leave Your Ego at the Door': A Narrative Investigation into Effective Wingsuit Flying* (Lausanne, Switzerland: *Frontiers in Psychology*, Performance Science section, Volume 8, Article 1985, 2017), 3.
13. Ibid, 7.
14. Ibid, 5.
15. Richard Jefferies, *The Story of My Heart*, 30-31.
16. Henry David Thoreau, *Walden* (New York, NY: Thomas Y. Crowell & Co., 1854), 175-77.

第五章

17. Iain McGilchrist, *The Master and His Emissary*, 25.
18. Zindel Segal, *The Difference Between "Being" and "Doing"* (*Mindful:* Healthy Mind, Healthy Life, October 27, 2016). (Accessed April 30, 2019.)
19. J. Donald Walters, *Education for Life* (Nevada City, CA, Crystal Clarity Publishers, 1986, 1997), 16, 18.
20. Swami Kriyananda, *The Essence of the Bhagavad Gita* (Nevada City, CA, Crystal Clarity Publishers, 2006 Hansa Trust), 453.
21. Albert Einstein, in a letter to Max Wertheimer: Michèle and Robert Root-Bernstein, "Einstein on Creative Thinking," *Psychology Today*, March 31, 2010, www.psychologytoday.com/us/blog/imagine/201003/einstein-creative-thinking-music-and-the-intuitive-art-scientific-imagination (accessed June 11, 2021).
22. Christopher Chase, "How Einstein Saw the World," creativesystemsthinking.wordpress.com/2014/02/16/how-einstein-saw-the-world/ (accessed June 10,

2021).
23. Einstein interview published in a 1929 copy of *The Saturday Evening Post:* quote investigator.com/2013/01/01/einstein-imagination/ (accessed June 10, 2021).
24. Robert Scott Root-Bernstein and Michèle Root-Bernstein, *Sparks of Genius* (Boston and New York: Houghton Mifflin Co., 1999), 186.
25. James M. McPherson, *The Illustrated Battle Cry of Freedom* (New York, NY: Oxford University Press, 2003), 10.
26. Marshall B. Davidson, *The World in 1776* (New York, NY, New Word City, 2015 American Heritage), 133.
27. Ralph Waldo Emerson, *The Complete Works of Ralph Waldo Emerson* (Boston and New York: Houghton, Mifflin & Co., 1904), Vol. VIII. Letters and Social Aims, IV. Resources; www.bartleby.com/90/0804.html (accessed June 8, 2021).
28. Swami Kriyananda (J. Donald Walters), *Awaken to Superconsciousness* (Nevada City, CA: Crystal Clarity Publishers, 2000), 244.
29. Iain McGilchrist, *The Master and His Emissary*, 184.

第六章

30. Jennifer Ouellette, *What Does It Take to Change a Mind? A Phase Transition* (New York, NY: *Scientific American*, February 2015, blogs.scientificamerican.com/cocktail-party-physics/what-does-it-take-to-change-a-mind-a-phase-transition. (Accessed on February 5, 2021.)
31. Swami Kriyananda, *The Art and Science of Raja Yoga* (Nevada City, CA: Crystal Clarity Publishers, 2002), 208.
32. Ibid, 213.
33. Nischala Joy Devi, *Be One With Earth: Elemental Energy of the Chakras* (Boone, IA: *Yoga Journal*, 2008, 2017, www.yogajournal.com/meditation/love-globally). (Accessed January 18, 2020.)
34. Stephen K. Hatch, *The Contemplative John Muir* (Lulu.com, 2012), 158.
35. John Muir, *John of the Mountains*, 93.

36. Ibid, 86.
37. Lao-Tzu, *Tao Te Ching*, trans. by Red Pine (Port Townsend, WA: Copper Canyon Press, 2009), 98.
38. Jane Goodall, *Reason for Hope* (New York, NY: Warner Books, 1999), 172-74.

第七章

39. Maria Montessori, worldofknowledge-fl.com/preschool/ (accessed June 8, 2021).
40. Robert Scott Root-Bernstein and Michèle Root-Bernstein, *Sparks of Genius*, 197.
41. John Muir, *John of the Mountains*, 92.
42. J. Donald Walters, *Awaken to Superconsciousness*, 99.
43. Evelyn Fox Keller, *A Feeling For the Organism* (San Francisco, CA: W.H. Freeman and Co., 1983) 117.
44. Lao Tzu, *Tao Te Ching*, trans. by Gia-fu Feng and Jane English, www.wussu.com/laotzu/laotzu13.html (accessed June 9, 2021).
45. Kriyananda, *The Essence of Self-Realization: The Wisdom of Paramhansa Yogananda* (Nevada City, CA: Crystal Clarity Publishers, 1990), 120.
46. John Muir, *John of the Mountains*, 93.
47. Ibid, 78.

第八章

48. M.K. Gandhi, *Gandhi and Communal Problems* (Mumbai, India: Centre for Study of Society and Secularism), 18.
49. John Muir, *John of the Mountains*, 439.
50. Kim Heacox, *John Muir and the Ice That Started a Fire* (Guilford, CT: Lyons Press, 2015), 65. (These words were jotted down by Muir in the margin of a book he had been reading.)
51. Paramhansa Yogananda, "Realization vs. Book Learning," *East-West* magazine

(New York, NY: Yogoda and Sat-Sanga, November?December 1927), 3-4).
52. Sir Francis Younghusband, *The Heart of Nature* (London, UK: John Murray Publisher, 1921), 167-68.
53. Paramhansa Yogananda, *Autobiography of a Yogi* (Nevada City, CA: Crystal Clarity Publishers, 1995 Reprint of the 1946 First Edition), 344.
54. Peter Bowden, "Burbank's Advice": www.saratogatodaynewspaper.com/sections/your-home/item/13023-burbank-s-advice (accessed June 10, 2021).
55. Eknath Easwaran, *Gandhi the Man* (Tomales, CA: Nilgiri Press, 1978, 1972), 84.
56. This quote, sometimes mistakenly attributed to Lao Tzu, was attributed to Chuang Tzu in the introduction to Arthur Waley's translation of the *Tao Te Ching*: see www.taoistic.com/fake-laotzu-quotes/fake-laotzu-quote-To_the_mind_that_is_still_the_whole_universe_surrenders.htm (accessed June 9, 2021).
57. J. Donald Walters, *Art as a Hidden Message* (Nevada City, CA: Crystal Clarity Publishers, 1997), 34.
58. Nick Jans, *A Wolf Called Romeo* (New York, NY: Mariner Books, 2014), 64-65.
59. Stuart Brown, MD, *Play,* (New York, NY: Avery, 2009), 92, 93.
60. Paramhansa Yogananda, *Autobiography of a Yogi*, 154.
61. David Backes, *The Life of Sigurd F. Olson* (Minneapolis, MN: University of Minnesota Press, 1997), 60-61.
62. Olson's personal journal entry January 20, 1930, and an unpublished essay called variously "The Supernatural Instinct" and "Sanctuary."
63. Wayne Kraus, *Mind on Fire: The Life of Jacob Boehme*, jacobboehmeonline.com/ bio (accessed June 8, 2021).
64. Margaret Bates, www.ecopsychology.org/journal/gatherings7/SacredTrees.htm (accessed June 9, 2021).
65. Melissa Krige, Platbos Conservation Trust website: www.platbos.co.za/trees_of_light_meditations.html (accessed June 8, 2021).
66. Hazrat Inayat Khan, *Nature Meditations* (Lebanon Springs, NY: Sufi Order

Pub lications, 1980), 60.

第九章

67. National Resources Defense Council website: www.nrdc.org/experts/carl-zichella/after-50-years-silent-spring-more-relevant-ever (accessed June 11, 2021).
68. Robert Underwood Johnson, *John Muir as I Knew Him*, vault.sierraclub.org/john_muir_exhibit/life/johnson_tribute_scb_1916.aspx (accessed June 8, 2021).
69. Peter Brown Hoffmeister, *Let Them Be Eaten by Bears* (New York, NY: Penguin, 2013), 78-79.
70. Access the *Flow Learning's Resonance with Conscious Energy* study at: rportal.lib.ntnu.edu.tw/bitstream/20.500.12235/103617/1/089846002801.pdf
71. Chuang Tzu, *The Writings of Chuang Tzu*, nothingistic.org/library/chuangtzu/chuang35.html (accessed June 9, 2021).

第十章

72. William Frederic Badè, *The Life and Letters of John Muir, Volume II* (Boston and New York: Houghton Mifflin Co., 1924), Chapter XI, October 7, 1874 Letter to Mrs. Ezra S. [Jeanne] Carr.
73. Hiraku Haga, Kashiwashobo Publishing Co., personal communication, August 11, 1992.
74. *Lao-Tzu, Tao Te Ching*, trans. by Red Pine, 132.
75. www.icnnational.com/true-education-is-in-harmony-with-all-existence-tagores philosophy-of-education/ (accessed July 3, 2021.)
76. California State Parks, *Kids! / Basic Interpretation Handbook*, (Sacramento, CA: California State Parks 2004, 9-21, www.parks.ca.gov/pages/735/files/module%209%20kids.pdf.)(Accessed March 19, 2021.)

本书图片来源

封面：视觉中国
x：全球共享自然协会图片，日本
iv：杜炜华摄影
X：Sean Pavonel | Dreamstime.com 网站

005：全球共享自然协会图片，日本
008-009：全球共享自然协会图片，葡萄牙
010：全球共享自然协会图片，日本
013：全球共享自然协会图片，日本
015：Thijs Schouten Fotografie | Shutterstock 网站
018：NH | Shutterstock 网站
021：Sonya Etchison | Megapixl.com 图片网站
022：全球共享自然协会图片，日本
027：全球共享自然协会图片，日本
028：快乐摄影（Barbara Bingham）
032：Roy Simpson
034：Supachart | Shutterstock 网站
036：Terrance Emerson | Shutterstock 网站
039：Photowitch | Megapixl.com 网站
042：John McCormick | Shutterstock 网站
046：Satori13 | Megapixl.com 网站
047：UBC Stock | Shutterstock 网站
050：Dmitry Pichugin | Shutterstock 网站
052：Emiddelkoop | Megapixl.com 网站

054：Romrodinka | Megapixl.com 网站

057：Bereta | Megapixl.com 网站

059：全球共享自然协会图片

061：Boris Rantasa，斯洛文尼亚

063：Jan S.| Shutterstock 网站

066：全球共享自然协会，日本

068：Jason Vandehey | Shutterstock 网站

072：快乐摄影（Barbara Bingham）

077：阿南达村摄影

081：Artens | Shutterstock 网站

085：Mihai Dragomir/Schubz 中心，罗马尼亚

086：快乐摄影（Barbara Bingham）

088：travelarium.ph | Shutterstock 网站

089：LianeM | Shutterstock 网站

090：Patrick Foto | Shutterstock 网站

092：全球共享自然协会，日本

096：全球共享自然协会，日本

097：全球共享自然协会，日本

099：快乐摄影（Barbara Bingham）

102：C Rolan | Shutterstock 网站

106：Svitlana Bezuhlova | Shutterstock 网站

107：公共领域

108：Jane Rix | Shutterstock 网站

110：公共领域

112：全球共享自然协会，日本

114：Jenny Coxon 摄影

119：快乐摄影（Barbara Bingham）

122：Johannes Plenio | Unsplash 网站

124：Jimmylinli | Megapixl.com 网站

126：ESB Professional | Shutterstock 网站

128：Gertrud Hein 博士，德国

132：Robsonphoto | Shutterstock 网站

135：Center Everywhere Videography

137：Peter Vanosdall | Unsplash 网站

138：全球共享自然协会，日本

141：Jenny Coxon 摄影

144：Maya Khosla，印度

145：Hakoar | Megapixl.com 网站

149：Joe Dudeck | Unsplash 图片网站

150–151：Smallredgirl | Megapixl.com 网站

152：王宁摄影

154：快乐摄影（Barbara Bingham）

156：BlueOrange 工作室 | Shutterstock 网站

158：Martha Gleason

159：全球共享自然协会，中国

162：全球共享自然协会，中国

163：Mihai Dragomir/Schubz 中心，罗马尼亚

164：邱兴赛摄影

167：Scott Tully | 阿南达档案馆

172：公共领域

174：公共领域

187：全球共享自然协会，日本

189：全球共享自然协会，中国台湾

191：Gert Olsson 摄影，瑞典

约瑟夫·克奈尔及全球共享自然活动

约瑟夫·克奈尔是国际著名的作家、教育家,也是全球共享自然协会的创办人。全球共享自然协会是全球最受尊崇的自然觉察活动团体之一。他的第一本著作《与孩子共享自然》"在世界各地点燃了自然教育的革命之火",以 20 种语言出版,销售超过 50 万册。他是日本共享自然协会的荣誉会长,该协会拥有 1 万名会员和 3.5 万名训练有素的引导员。

约瑟夫是共享自然系列书籍的作者,在世界各地有数百万家

长、教师、自然学家、青少年和宗教领袖采用了他著作的内容。克奈尔撰写的《倾听自然》(Listening to Nature)和《来自天地的感动》(The Sky and Earth Touched Me)启发了成千上万的成人,使他们与自然的关系更加亲密。他近期的两本著作《来自天地的感动》与《共享自然》(Sharing Nature)获得了美国独立书籍非小说类大奖。

克奈尔的《与孩子共享自然》被美国鱼类及野生动物管理局(The U.S. Fish & Wildlife Service)评选为自 1890 年以来最具影响力的 15 本"帮助儿童、家庭与自然联结"的著作之一。美国国家公园管理局将克奈尔成效斐然的户外学习方法"心流学习法"与玛利亚·蒙台梭利、霍华德·加德纳(Howard Gardner)、约翰·杜威(John Dewey)、让·皮亚杰(Jean Piaget)和教育思想,并列为世界五大教育理念,推荐大家应用。

克奈尔的共享自然系列书籍及其工作使他获得多项国际奖项。他对中欧环境教育影响深远,获得久负盛名的德国索尼娅·伯纳多特伯爵夫人奖(Countess Sonja-Bernadotte Prize)。2011 年,法国地球守护天使组织(Les Anges Gardiens de la Planète)推选克奈尔为"致力于环境保护的 100 位最具影响力的意见领袖"之一。

克奈尔以温暖和令人欢欣的热情闻名于世,他"具有发现事物本质的天赋,能以清晰和令人信服的方式诠释事物,为读者提供充满创造力的活动,帮助他们获得真实的体验"。

更多关于约瑟夫·克奈尔的作品及活动,详见 www.jcornell.org。

共享自然 健康项目

约翰·缪尔曾说:"自然祥和流入我心,一如阳光洒进森林。"大自然是绝佳的疗愈师,将充满喜悦的宁静与活力赠予每位打开心扉的人。

在共享自然健康项目中,你将通过自然活动平静思绪,并向万物打开心灵。你将学会如何将这种自然体验内化于心,更多地感受生命的安宁。

你将在令人欢愉的自然觉察活动中开怀大笑,变得更加正向与乐观,感受到团队精神,享受与他人和与自然的和谐关系。大自然的仁慈将启示你,你的生命中还有更崇高的东西。

从 1979 年起就开始分享自然的喜悦

共享自然是一项全球性的运动，专注于帮助大人和孩子深化与大自然的联结。我们提供训练工作坊、专题演讲、线上资源、线上研讨会和书籍，帮助人们与大自然和他人建立更亲密的关系。我们的健康项目为个人以及各种商业、教育、宗教和公共部门的领导者提供提振精神的经验与疗愈。

共享自然活动协调员遍布世界各国。我们非常乐意与您的团队或组织交流。我们的活动协调员都很优秀，热爱自然，热爱人群，能让人与自然完美交融。

我们希望收到您的回馈意见。欲知我们更多的全球活动，请与我们联络。

全球共享自然协会（Sharing Nature Worldwide）

www.sharingnature.com

（530）478-7650 info@sharingnature.com

阿南达村

约瑟夫·克奈尔和妻子安南迪住在北加利福尼亚州内华达山脚下的阿南达村（Ananda Village，阿南达在印度语中的意思是喜悦）。阿南达村是个互助合作社区，占地 700 亩。阿南达村居民生活简朴、理念崇高，是世界上最成功的设计型社区（Intentional

Community，有高度社会凝聚力和团队协作的设计型居住区）之一。阿南达村有静修中心、生活智慧学校、美丽花园、有机农场，有各种出版物和线上课程。它是个体与自然和他人和谐相处的生活典范，因此每年都吸引了很多来自世界各地的参观者。阿南达村由斯瓦米·克里阿南达于1969年创建，奉行瑜伽精神导师帕拉宏撒·尤迦南达的教诲。

欲知更多资讯，请登录 https://www.anandavillage.org/。

访问 www.flow-learning.org 网站获取免费资源：

- 约瑟夫·克奈尔关于心流学习法的演讲
- "分子游戏"和"空中之鸟"活动的音乐
- "共享自然"活动的 PDF 文件
- 还有更多！

青豆读享 阅读服务

帮你读好这本书

《心流学习法》阅读服务：

☆ **阅读贴士** 提炼本书心流学习法干货，并制成图表，方便你掌握全书重点。

☆ **配音音频** "空中之鸟"等游戏的配套音乐，搭配书中方法，助你深度体验自然游戏的魅力。

☆ **金句视频** 摘取书中金句并配以音乐和画面，助你沉浸式领略大自然的力量。

☆ **读者体验** 两位读者与你分享她们亲自参与自然活动的难忘经历。

☆ **配套课程** 27节视频课，12个书中游戏详细指导，帮助你和孩子一起拥抱自然、收获快乐。

☆ ……

每一本书，都是一个小宇宙。

扫码享受
正版图书配套阅读服务